TEORÍA MUSICAL
APLICADA

ESCALAS, ACORDES BÁSICOS Y CÍRCULOS ARMÓNICOS

BRYNNER VALLECILLA

DEDICATORIA

Este manual esta dedicado a todos aquellos, que se inician en el arte de la música y a todos los hombres y mujeres del mundo, grandes y pequeños, que son músicos, instrumentistas o cantores, cuya pasión es el arte de aprender y hacer música.

Dedico este libro a todos mis alumnos.

Dedico este libro a Dios, quien me ha dado sabiduría, inteligencia y salud para poder escribir este manual.

CONTENIDO

LA ESCALA MUSICAL

La escala es un grupo de notas que siguen el orden natural de los sonidos. La escala utiliza 7 notas, más la repetición de la primera que sería la octava. En la construcción de una escala, no pueden faltar notas; a cada posición de la nota en la escala se le pone un grado y cada grado de la escala tiene un nombre. Grado I – Do - tónica o fundamental. Grado II – Re – superdominante. Grado III – Mi – mediante. Grado IV – Fa – subdominante. Grado V – Sol – dominante. Grado VI – La – submediante. Grado VII – Si – sensible.

TONALIDAD

Hablar de tonalidad es similar a hablar de escala. La tonalidad saca las notas de la escala mayor o menor a la que pertenece; es decir la tonalidad usa las mismas notas de la escala, sin seguir ningún orden, obteniendo todas las melodías que se nos ocurran, con las combinaciones que cada uno haga. Hay diversidades de escalas, pero hay 2 que son las más importantes: la escala mayor y la escala menor.

Antes de comenzar a realizar cada una de las escalas mayores o menores, es necesario que veamos la escala cromática; que es la base fundamental, que nos ayudará a desarrollar cada una de estas escalas.

LA ESCALA CROMATICA

Es una escala constituida por una sección de 12 sonidos, alturas o notas diferentes dentro de una octava. La escala cromática contiene los 12 semitonos de la escala temporada occidental.

Los doce sonidos de la escala cromática

De la escala cromática deducimos que:

- Hay 7 sonidos o tonos naturales: (Do, Re, Mi, Fa, Sol, La, Si).
- Hay 5 alteraciones: (Do♯ o Re♭) (Re♯ o Mi♭) (Fa♯ o Sol♭) (Sol♯ o La♭) (La♯ o Si♭).
- Las 5 alteraciones son notas enarmónicas. Es decir, se llaman de distinta manera, pero tienen el mismo sonido.
- Los doce sonidos están separados por semitonos; el semitono es la menor distancia, y es la mitad de un tono. El tono es igual a dos semitonos.

Ahora que tenemos resuelto la escala cromática, podemos proseguir a desarrollar las escalas mayores y menores.

CIFRADO

El cifrado es un sistema en donde se codifica cada una de las 7 notas musicales con una letra mayúscula; esto nos permite saber sobre que armonías están escritas las canciones, solo con leer las letras, sin importar el instrumento para el cual fue escrito.

El cifrado es un sistema universal. (La = A), (Si = B), (Do = C), (Re = D), (Mi = E), (Fa = F), (Sol = G). En el caso de que la nota de algún acorde lleve alteración, se agrega al lado de la letra: (Sol sostenido = G#), (La bemol = Ab).

- Cuando las letras aparecen solas, se aplican 2 conceptos de cifrado americano, según el tema que se esté viendo. Si estas sumergido en el tema de las escalas mayores, escala menor natural, escala menor armónica y la escala menor melódica, el cifrado solo se limita al nombre de la nota, cuales quiera que sea. Ejemplo: ESCALA MAYOR: Do = C, ESCALA MENOR NATURAL: Fa = F, ESCALA MENOR ARMÓNICA: Re bemol = Db, ESCALA MENOR MELÓDICA: Sol sostenido = G#.

Si estas sumergido en el tema de los acordes, cuando la letra aparece sola, la triada es mayor. Ejemplo: C = Do mayor, F = Fa mayor, Db = Re bemol mayor, G# = Sol sostenido mayor.

- En la triadas menores los más común es ver despúes de la letra, la (m) minúscula. Pero también se puede poner otro signo. Ejemplo: C#m = Do sostenido menor, Amin = La menor, Gm = Sol menor, Dbm = Re bemol menor.
- En la triada aumentada pueden aparecer varios signos o abreviaturas. Ejemplo: D+ = Re aumentado, $A^{(\#5)}$ = La aumentado, C^{5+} = Do aumentado, Bbaug = Si bemol aumentado, $G\#^{aum}$ = Sol sostenido aumentado.
- En la triada disminuida los símbolos y abreviaturas son: C° = Do disminuido, Adis = La disminuido, Fdim = Fa disminuido.

- En las notas agregadas como las séptimas, sextas, cuartas suspendida, novenas, onceavas y treceavas, figuran con números al lado del acorde. Ejemplo: C^7 = Do mayor con séptima menor, $F\sharp m^7$ = Fa sostenido menor con séptima menor, G^6 = Sol mayor con sexta, Db^{sus4} = Re bemol mayor con cuarta suspendida, Am^9 = La menor con novena.

A medida que vayamos desarrollando cada tema en este primer libro, iremos mencionando el respectivo cifrado americano de cada una de las notas y acordes.

LAS ESCALAS MAYORES

Las escalas mayores tienen por regla general el siguiente orden natural de los sonidos.

Tono Tono Semitono Tono Tono Tono Semitono

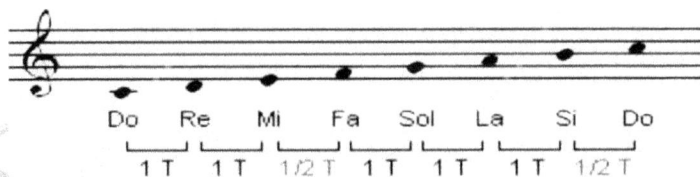

Do   Re   Mi   Fa   Sol   La   Si   Do
1 T   1 T   1/2 T   1 T   1 T   1 T   1/2 T

Según la imagen anterior, deducimos que: Do a Re = un tono, Re a Mi = un tono, Mi a Fa = un semitono, Fa a Sol = un tono, Sol a La = un tono, La a Si = un tono, Si a Do = un semitono. Aunque ya con el ejemplo antes mencionado, tenemos la escala de Do mayor realizada, vamos a construir la escala de Do mayor una vez más paso a paso, para que logres entender mejor, como se hace una escala mayor.

Para desarrollar una escala mayor tendremos en cuenta lo siguiente:
1. Tomaremos como base la escala cromática.
2. Tendremos en cuenta la regla general para sacar una escala mayor.
3. Iremos avanzando y colocando las notas de acuerdo al concepto de tono y semitono.

ESCALA DO MAYOR

| DO | RE | MI | FA | SOL | LA | SI | DO |

La escala de DO mayor en cifrado americano es: C - D – E – F – G – A – B – C.

Regla general escalas mayores: Tono - Tono - Semitono -Tono - Tono - Tono - Semitono.

Escala cromática: Do - Do# (Reb) – Re - Re# (Mib) – Mi – Fa - Fa# (Solb) – Sol - Sol# (Lab) – La - La# (Sib) – Si.

PASO A PASO:

1. Iniciamos colocando la nota Do como base de la escala.
2. Luego corremos un tono o 2 semitonos, o también 2 notas: Do – Re.
3. Posicionados en la nota Re, avanzamos un tono, o 2 semitonos, o 2 notas: Do – Re – Mi.
4. Posicionados en Mi, avanzamos un semitono, o una nota: Do – Re – Mí – Fa.
5. Posicionados en Fa, avanzamos un tono, o 2 semitonos, o 2 notas: Do – Re – Mi – Fa – Sol.
6. Posicionados en Sol, avanzamos un tono, o 2 semitonos, o 2 notas: Do - Re – Mi – Fa – Sol – La.
7. Posicionados en La, avanzamos otro tono, o 2 semitonos, o 2 notas: Do - Re – Mi – Fa – Sol – La – Si.
8. Y por último posicionados en Si, avanzamos un semitono, o una nota: Do - Re – Mi – Fa – Sol – La – Si – Do.

ESCALA SOL MAYOR

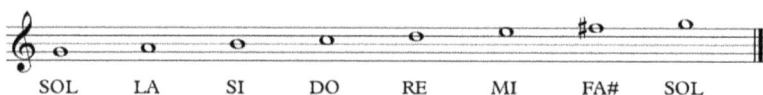

| SOL | LA | SI | DO | RE | MI | FA# | SOL |

La escala de SOL mayor en cifrado americano es: G - A – B – C – D – E – F# - G.

Regla general escalas mayores: Tono - Tono - Semitono -Tono - Tono - Tono - Semitono.

Escala cromática: Do - Do# (Reb) – Re - Re# (Mib) – Mi – Fa - Fa# (Solb) – Sol - Sol# (Lab) – La - La# (Sib) – Si.

PASO A PASO:
1. Iniciamos colocando la nota Sol como base de la escala.
2. Luego corremos un tono o 2 semitonos, o también 2 notas: Sol – La.
3. Posicionados en la nota La, avanzamos un tono, o 2 semitonos, o 2 notas: Sol – La – Si.
4. Posicionados en Si, avanzamos un semitono, o una nota: Sol – La – Si – Do.
5. Posicionados en Do, avanzamos un tono, o 2 semitonos, o 2 notas: Sol – La – Si – Do – Re.
6. Posicionados en Re, avanzamos un tono, o 2 semitonos, o 2 notas: Sol - La – Si – Do – Re – Mi.
7. Posicionados en Mi, avanzamos otro tono, o 2 semitonos, o 2 notas: Sol - La – Si – Do – Re – Mi – Fa#.
8. Y por último posicionados en Fa#, avanzamos un semitono, o una nota: Sol - La – Si – Do – Re – Mi – Fa# - Sol.

ESCALA RE MAYOR

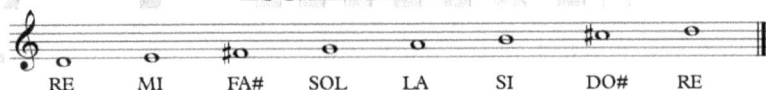

| RE | MI | FA# | SOL | LA | SI | DO# | RE |

La escala de RE mayor en cifrado americano es: D – E – F# - G – A – B – C# - D.
Regla general escalas mayores: Tono - Tono - Semitono -Tono - Tono - Tono - Semitono.
Escala cromática: Do - Do# (Reb) – Re - Re# (Mib) – Mi – Fa - Fa# (Solb) – Sol - Sol# (Lab) – La - La# (Sib) – Si.

PASO A PASO:
1. Iniciamos colocando la nota Re como base de la escala.
2. Luego corremos un tono o 2 semitonos, o también 2 notas: Re – Mi.
3. Posicionados en la nota Mi, avanzamos un tono, o 2 semitonos, o 2 notas: Re – Mi – Fa#.

4. Posicionados en Fa#, avanzamos un semitono, o una nota: Re – Mi – Fa# - Sol.
5. Posicionados en Sol, avanzamos un tono, o 2 semitonos, o 2 notas: Re – Mi – Fa# - Sol – La.
6. Posicionados en La, avanzamos un tono, o 2 semitonos, o 2 notas: Re – Mi – Fa# - Sol – La – Si.
7. Posicionados en Si, avanzamos otro tono, o 2 semitonos, o 2 notas: Re – Mi – Fa# - Sol – La – Si – Do#.
8. Y por último posicionados en Do#, avanzamos un semitono, o una nota: Re – Mi – Fa# - Sol – La – Si – Do# - Re.

ESCALA LA MAYOR

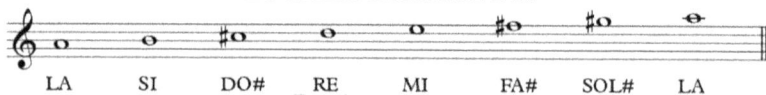

| LA | SI | DO# | RE | MI | FA# | SOL# | LA |

La escala de LA mayor en cifrado americano es: A – B – C# - D – E – F# - G# - A.

Regla general escalas mayores: Tono - Tono - Semitono -Tono - Tono - Tono - Semitono.

Escala cromática: Do - Do# (Reb) – Re – Re# (Mib) – Mi – Fa - Fa# (Solb) – Sol - Sol# (Lab) – La - La# (Sib) – Si.

PASO A PASO:
1. Iniciamos colocando la nota La como base de la escala.
2. Luego corremos un tono o 2 semitonos, o también 2 notas: La – Si.
3. Posicionados en la nota Si, avanzamos un tono, o 2 semitonos, o 2 notas: La – Si – Do#.
4. Posicionados en Do#, avanzamos un semitono, o una nota: La – Si – Do# - Re.
5. Posicionados en Re, avanzamos un tono, o 2 semitonos, o 2 notas: La – Si – Do# - Re – Mi.
6. Posicionados en Mi, avanzamos un tono, o 2 semitonos, o 2 notas: La – Si – Do# - Re – Mi – Fa#.
7. Posicionados en Fa#, avanzamos otro tono, o 2 semitonos, o 2 notas: La – Si – Do# - Re – Mi – Fa# - Sol#.

8. Y por último posicionados en Sol♯, avanzamos un semitono, o una nota: La – Si – Do♯ - Re – Mi – Fa♯ - Sol♯ - La.

ESCALA MI MAYOR

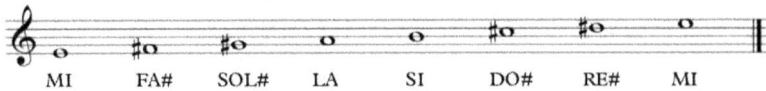

| MI | FA# | SOL# | LA | SI | DO# | RE# | MI |

La escala de MI mayor en cifrado americano es: E – F♯– G♯- A - B – C♯- D♯ - E.
Regla general escalas mayores: Tono - Tono - Semitono -Tono - Tono - Tono - Semitono.
Escala cromática: Do - Do♯ (Reb) – Re - Re♯ (Mib) – Mi – Fa - Fa♯ (Solb) – Sol - Sol♯ (Lab) – La - La♯ (Sib) – Si.

PASO A PASO:
1. Iniciamos colocando la nota Mi como base de la escala.
2. Luego corremos un tono o 2 semitonos, o también 2 notas: Mi – Fa♯.
3. Posicionados en la nota Fa♯, avanzamos un tono, o 2 semitonos, o 2 notas: Mi – Fa♯ – Sol♯.
4. Posicionados en Sol♯, avanzamos un semitono, o una nota: Mi – Fa♯ – Sol♯- La.
5. Posicionados en La, avanzamos un tono, o 2 semitonos, o 2 notas: Mi – Fa♯ – Sol♯- La – Si.
6. Posicionados en Si, avanzamos un tono, o 2 semitonos, o 2 notas: Mi – Fa♯ – Sol♯- La - Si – Do♯.
7. Posicionados en Do♯, avanzamos otro tono, o 2 semitonos, o 2 notas: Mi – Fa♯ – Sol♯- La - Si – Do♯ - Re♯.
8. Y por último posicionados en Re♯, avanzamos un semitono, o una nota: Mi – Fa♯ – Sol♯- La - Si – Do♯ - Re♯ - Mi.

ESCALA SI MAYOR

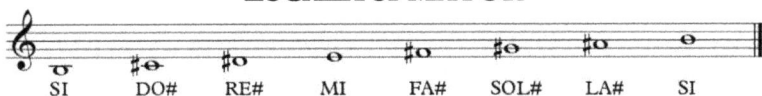

| SI | DO# | RE# | MI | FA# | SOL# | LA# | SI |

La escala de SI mayor en cifrado americano es: B – C# - D# - E – F# - G# - A# - B.

Regla general escalas mayores: Tono - Tono - Semitono -Tono - Tono - Tono - Semitono.

Escala cromática: Do - Do# (Reb) – Re - Re# (Mib) – Mi – Fa - Fa# (Solb) – Sol - Sol# (Lab) – La - La# (Sib) – Si.

PASO A PASO:
1. Iniciamos colocando la nota Si como base de la escala.
2. Luego corremos un tono o 2 semitonos, o también 2 notas: Si – Do#.
3. Posicionados en la nota Do#, avanzamos un tono, o 2 semitonos, o 2 notas: Si – Do# - Re#.
4. Posicionados en Re#, avanzamos un semitono, o una nota: Si – Do# - Re# - Mi.
5. Posicionados en Mi, avanzamos un tono, o 2 semitonos, o 2 notas: Si – Do# - Re# - Mi – Fa#.
6. Posicionados en Fa#, avanzamos un tono, o 2 semitonos, o 2 notas: Si – Do# - Re# - Mi – Fa# - Sol#.
7. Posicionados en Sol#, avanzamos otro tono, o 2 semitonos, o 2 notas: Si – Do# - Re# - Mi – Fa# - Sol# - La#.
8. Y por último posicionados en La#, avanzamos un semitono, o una nota: Si – Do# - Re# - Mi – Fa# - Sol# - La# - Si.

ESCALA FA SOSTENIDO MAYOR

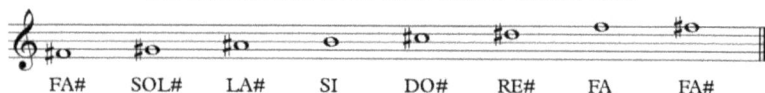

| FA# | SOL# | LA# | SI | DO# | RE# | FA | FA# |

La escala de FA sostenido mayor en cifrado americano es: F# – G# - A# - B – C# - D# - F – F#.

Regla general escalas mayores: Tono - Tono - Semitono -Tono - Tono - Tono - Semitono.

Escala cromática: Do - Do# (Reb) – Re - Re# (Mib) – Mi – Fa - Fa# (Solb) – Sol - Sol# (Lab) – La - La# (Sib) – Si.

PASO A PASO:

1. Iniciamos colocando la nota Fa♯ como base de la escala.
2. Luego corremos un tono o 2 semitonos, o también 2 notas: Fa♯ – Sol♯.
3. Posicionados en la nota Sol♯, avanzamos un tono, o 2 semitonos, o 2 notas: Fa♯ – Sol♯ - La♯.
4. Posicionados en La♯, avanzamos un semitono, o una nota: Fa♯ – Sol♯ - La♯- Si.
5. Posicionados en Si, avanzamos un tono, o 2 semitonos, o 2 notas: Fa♯ – Sol♯ - La♯- Si – Do♯.
6. Posicionados en Do♯, avanzamos un tono, o 2 semitonos, o 2 notas: Fa♯ – Sol♯ - La♯- Si – Do♯ - Re♯.
7. Posicionados en Re#, avanzamos otro tono, o 2 semitonos, o 2 notas: Fa♯ – Sol♯ - La♯- Si – Do♯ - Re♯ - Fa.
8. Y por último posicionados en Fa, avanzamos un semitono, o una nota: Fa♯ – Sol♯ - La♯- Si – Do♯ - Re♯ - Fa – Fa♯.

ESCALA RE BEMOL MAYOR

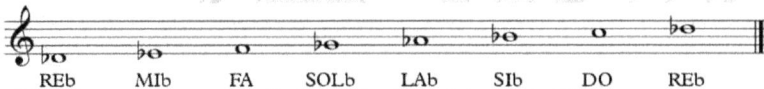

| REb | MIb | FA | SOLb | LAb | SIb | DO | REb |

La escala de Re bemol mayor en cifrado americano es: Db – Eb – F – Gb – Ab – Bb – C – Db.

Regla general escalas mayores: Tono - Tono - Semitono -Tono - Tono - Tono - Semitono.

Escala cromática: Do - Do♯ (Reb) – Re - Re♯ (Mib) – Mi – Fa - Fa♯ (Solb) – Sol - Sol♯ (Lab) – La - La♯ (Sib) – Si.

PASO A PASO:

1. Iniciamos colocando la nota Reb como base de la escala.
2. Luego corremos un tono o 2 semitonos, o también 2 notas: Reb – Mib.
3. Posicionados en la nota Mib, avanzamos un tono, o 2 semitonos, o 2 notas: Reb – Mib – Fa.

4. Posicionados en Fa, avanzamos un semitono, o una nota: Reb – Mib – Fa – Solb.

5. Posicionados en Solb, avanzamos un tono, o 2 semitonos, o 2 notas: Reb – Mib – Fa – Solb – Lab.

6. Posicionados en Lab, avanzamos un tono, o 2 semitonos, o 2 notas: Reb – Mib – Fa – Solb – Lab – Sib.

7. Posicionados en Sib, avanzamos otro tono, o 2 semitonos, o 2 notas: Reb – Mib – Fa – Solb – Lab – Sib – Do.

8. Y por último posicionados en Fa, avanzamos un semitono, o una nota: Reb – Mib – Fa – Solb – Lab – Sib – Do – Reb.

ESCALA LA BEMOL MAYOR

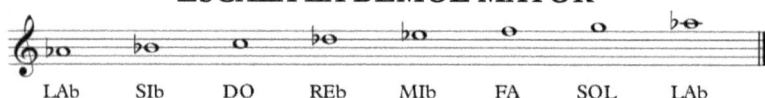

| LAb | SIb | DO | REb | MIb | FA | SOL | LAb |

La escala de La bemol mayor en cifrado americano es: Ab – Bb – C – Db – Eb – F – G – Ab.

Regla general escalas mayores: Tono - Tono - Semitono -Tono - Tono - Tono - Semitono.

Escala cromática: Do - Do# (Reb) – Re - Re# (Mib) – Mi – Fa - Fa# (Solb) – Sol - Sol# (Lab) – La - La# (Sib) – Si.

PASO A PASO:

1. Iniciamos colocando la nota Lab como base de la escala.

2. Luego corremos un tono o 2 semitonos, o también 2 notas: Lab – Sib.

3. Posicionados en la nota Sib, avanzamos un tono, o 2 semitonos, o 2 notas: Lab – Sib – Do.

4. Posicionados en Do, avanzamos un semitono, o una nota: Lab – Sib – Do – Reb.

5. Posicionados en Reb, avanzamos un tono, o 2 semitonos, o 2 notas: Lab – Sib – Do – Reb – Mib.

6. Posicionados en Mib, avanzamos un tono, o 2 semitonos, o 2 notas: Lab – Sib – Do – Reb – Mib – Fa.

7. Posicionados en Fa, avanzamos otro tono, o 2 semitonos, o 2 notas: Lab – Sib – Do – Reb – Mib – Fa – Sol.
8. Y por último posicionados en Sol, avanzamos un semitono, o una nota: Lab – Sib – Do – Reb – Mib – Fa – Sol – Lab.

ESCALA MI BEMOL MAYOR

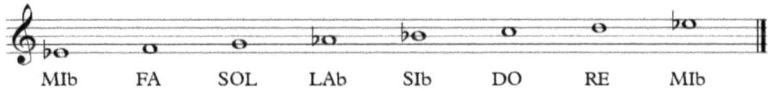

| MIb | FA | SOL | LAb | SIb | DO | RE | MIb |

La escala de Mi bemol mayor en cifrado americano es: Eb – F – G – Ab – Bb – C – D – Eb.

Regla general escalas mayores: Tono - Tono - Semitono -Tono - Tono - Tono - Semitono.

Escala cromática: Do - Do# (Reb) – Re - Re# (Mib) – Mi – Fa - Fa# (Solb) – Sol - Sol# (Lab) – La - La# (Sib) – Si.

PASO A PASO:
1. Iniciamos colocando la nota Mib como base de la escala.
2. Luego corremos un tono o 2 semitonos, o también 2 notas: Mib – Fa.
3. Posicionados en la nota Fa, avanzamos un tono, o 2 semitonos, o 2 notas: Mib – Fa – Sol.
4. Posicionados en Sol, avanzamos un semitono, o una nota: Mib – Fa – Sol – Lab.
5. Posicionados en Lab, avanzamos un tono, o 2 semitonos, o 2 notas: Mib – Fa – Sol - Lab – Sib.
6. Posicionados en Sib, avanzamos un tono, o 2 semitonos, o 2 notas: Mib – Fa – Sol - Lab – Sib – Do.
7. Posicionados en Do, avanzamos otro tono, o 2 semitonos, o 2 notas: Mib – Fa – Sol - Lab – Sib – Do – Re.
8. Y por último posicionados en Re, avanzamos un semitono, o una nota: Mib – Fa – Sol - Lab – Sib – Do – Re – Mib.

ESCALA SI BEMOL MAYOR

SIb — DO — RE — MIb — FA — SOL — LA — SIb

La escala de Si bemol mayor en cifrado americano es: Bb – C – D – Eb – F – G – A – Bb.

Regla general escalas mayores: Tono - Tono - Semitono -Tono - Tono - Tono - Semitono.

Escala cromática: Do - Do# (Reb) – Re - Re# (Mib) – Mi – Fa - Fa# (Solb) – Sol - Sol# (Lab) – La - La# (Sib) – Si.

PASO A PASO:

1. Iniciamos colocando la nota Sib como base de la escala.
2. Luego corremos un tono o 2 semitonos, o también 2 notas: Sib – Do.
3. Posicionados en la nota Do, avanzamos un tono, o 2 semitonos, o 2 notas: Sib – Do – Re.
4. Posicionados en Re, avanzamos un semitono, o una nota: Sib – Do – Re – Mib.
5. Posicionados en Mib, avanzamos un tono, o 2 semitonos, o 2 notas: Sib – Do – Re – Mib – Fa.
6. Posicionados en Fa, avanzamos un tono, o 2 semitonos, o 2 notas: Sib – Do – Re – Mib – Fa – Sol.
7. Posicionados en Sol, avanzamos otro tono, o 2 semitonos, o 2 notas: Sib – Do – Re – Mib – Fa – Sol – La.
8. Y por último posicionados en La, avanzamos un semitono, o una nota: Sib – Do – Re – Mib – Fa – Sol – La – Sib.

ESCALA FA MAYOR

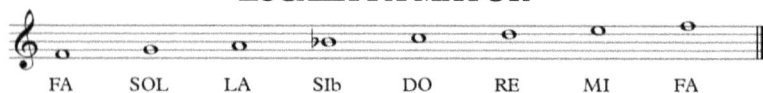

FA — SOL — LA — SIb — DO — RE — MI — FA

La escala de Fa mayor en cifrado americano es: F – G – A – Bb - C – D – E – F.

Regla general escalas mayores: Tono - Tono - Semitono -Tono - Tono - Tono - Semitono.

Escala cromática: Do - Do# (Reb) – Re - Re# (Mib) – Mi – Fa - Fa# (Solb) – Sol - Sol# (Lab) – La - La# (Sib) – Si.

PASO A PASO:
1. Iniciamos colocando la nota Fa como base de la escala.
2. Luego corremos un tono o 2 semitonos, o también 2 notas: Fa – Sol.
3. Posicionados en la nota Sol, avanzamos un tono, o 2 semitonos, o 2 notas: Fa – Sol – La.
4. Posicionados en La, avanzamos un semitono, o una nota: Fa – Sol – La – Sib.
5. Posicionados en Sib, avanzamos un tono, o 2 semitonos, o 2 notas: Fa – Sol – La – Sib – Do.
6. Posicionados en Do, avanzamos un tono, o 2 semitonos, o 2 notas: Fa – Sol – La – Sib - Do – Re.
7. Posicionados en Re, avanzamos otro tono, o 2 semitonos, o 2 notas: Fa – Sol – La – Sib - Do – Re – Mi.
8. Y por último posicionados en La, avanzamos un semitono, o una nota: Fa – Sol – La – Sib - Do – Re – Mi – Fa.

LAS ESCALAS MENORES

Como lo vimos en el primer libro sobre los 8 pasos para construir una escala mayor, recordamos que la escala musical es un grupo de notas que siguen el orden natural de los sonidos, compuesta por 7 notas y la repetición de la primera, que sería la octava:

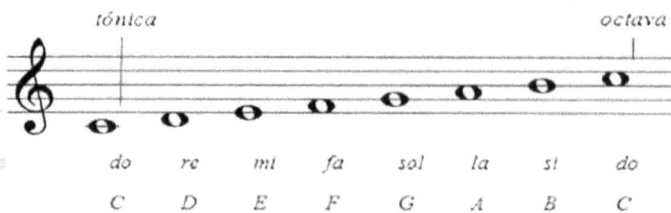

También vimos que, en la construcción de una escala, cada grado tiene un nombre, pero hay tres que son los más importantes: TONICA (que sería el grado I), SUBDOMINATE (que sería el grado IV) y DOMINATE (que sería el grado V).

En la construcción de las escalas menores, se usa el mismo principio básico que las escalas mayores y nos da como resultado las notas que hacen parte de esa tonalidad; es decir si tocamos o entonamos una canción por LA MENOR, utilizaremos las notas que forman parte de esta escala, con diferentes combinaciones según la melodía que estemos ejecutando.

Hay tres tipos de escalas menores:
- Escala menor natural o antigua.

- Escala menor armónica.
- Escala menor melódica.

Hay un solo tipo de escala mayor, pero las escalas menores son tres porque no hay equilibrio sonoro, ni armónico encontrado en una sola.

Al tratar de construir las escalas menores, también necesitaremos la **ESCALA CROMATICA**, que es la escala que está constituida por los 12 sonidos o notas musicales que existen en este planeta.

LA ESCALA MENOR NATURAL

Cada escala menor tiene una relativa mayor, y cada escala mayor tiene su relativa menor: esto quiere decir que las escalas menores naturales, tienen las mismas alteraciones que sus relativas mayores. Ejemplo:

Según el pentagrama anterior deducimos que:
1. La escala de Do mayor es: DO – RE- MI – FA- SOL- LA- SI - DO.
2. La escala de LA menor es: LA – SI – DO – RE - MI – FA- SOL – LA.

Si nos damos cuenta, la escala de DO MAYOR tiene las mismas notas que la escala de LA menor; lo que cambia es el orden como están ubicadas las notas.

La escala menor natural tiene como regla, el siguiente orden: Tono – semitono – tono – tono – semitono – tono – tono.

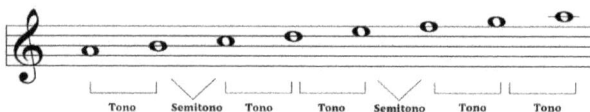

18

Usaremos la escala de LA MENOR como ejemplo para una mejor compresión, ya que no posee ninguna alteración:
La a Si = un tono, Si a Do = un semitono, Do a Re = un tono, Re a Mi = un tono, Mi a Fa = un semitono, Fa a Sol = un tono, Sol a La = un tono.

ESCALA EN LA MENOR NATURAL

LA   SI   DO   RE   MI   FA   SOL   LA

La escala relativa de LA MENOR es: DO MAYOR.
La escala de LA menor en cifrado americano es: A – B – C – D – E – F – G – A.
Escala cromática: Do - Do# (Reb) – Re - Re# (Mib) – Mi – Fa - Fa# (Solb) – Sol - Sol# (Lab) – La - La# (Sib) – Si.
Regla escala menor natural: Tono - Semitono - Tono -Tono - Semitono - Tono - Tono.

PASO A PASO:
1. Comenzamos colocando la nota La como base de la escala.
2. Luego corremos un tono, o 2 semitonos, o 2 notas: La – Si.
3. Colocados en la nota Si, avanzamos un semitono, o una nota: La – Si – Do.
4. Posicionados en Do, avanzamos un tono, o 2 semitonos, o 2 notas: La – Si – Do – Re.
5. Posicionados en Re, avanzamos un tono, o 2 semitonos, o 2 notas: La – Si – Do – Re – Mi.
6. Posicionados en Mi, avanzamos un semitono, o una nota: La – Si – Do – Re – Mi – Fa.
7. Posicionados en Fa, avanzamos un tono, o 2 semitonos, o 2 notas: La – Si – Do – Re – Mi – Fa – Sol.
8. Y por último posicionados en Sol, avanzamos otro tono, o 2 semitonos, o 2 notas: La – Si – Do – Re – Mi – Fa – Sol – La.

ESCALA RE MENOR NATURAL

RE   MI   FA   SOL   LA   SIb   DO   RE

La escala relativa de RE MENOR es: FA MAYOR.

La escala de RE menor en cifrado americano es: D – E – F – G – A – Bb – C – D.

Escala cromática: Do - Do# (Reb) – Re - Re# (Mib) – Mi – Fa - Fa# (Solb) – Sol - Sol# (Lab) – La - La# (Sib) – Si.

Regla escala menor natural: Tono - Semitono - Tono -Tono - Semitono - Tono - Tono.

PASO A PASO:
1. Comenzamos colocando la nota Re como base de la escala.
2. Luego corremos un tono, o 2 semitonos, o 2 notas: Re – Mi.
3. Colocados en la nota Mi, avanzamos un semitono, o una nota: Re – Mi – Fa.
4. Posicionados en Fa, avanzamos un tono, o 2 semitonos, o 2 notas: Re – Mi - Fa – Sol.
5. Posicionados en Sol, avanzamos un tono, o 2 semitonos, o 2 notas: Re – Mi - Fa – Sol – La.
6. Posicionados en La, avanzamos un semitono, o una nota: Re – Mi - Fa – Sol – La – Sib.
7. Posicionados en Sib, avanzamos un tono, o 2 semitonos, o 2 notas: Re – Mi - Fa – Sol – La – Sib – Do.
8. Y por último posicionados en Do, avanzamos otro tono, o 2 semitonos, o 2 notas: Re – Mi - Fa – Sol – La – Sib – Do – Re.

ESCALA SOL MENOR NATURAL

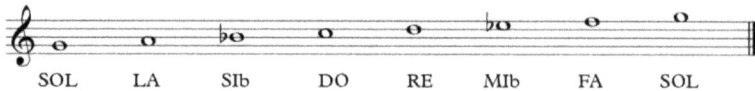

| SOL | LA | SIb | DO | RE | MIb | FA | SOL |

La escala relativa de SOL MENOR es: SI BEMOL MAYOR.

La escala de SOL menor en cifrado americano es: G – A – Bb – C – D – Eb – F – G.

Escala cromática: Do - Do# (Reb) – Re - Re# (Mib) – Mi – Fa - Fa# (Solb) – Sol - Sol# (Lab) – La - La# (Sib) – Si.

Regla escala menor natural: Tono - Semitono - Tono -Tono - Semitono - Tono - Tono.

PASO A PASO:

1. Comenzamos colocando la nota Sol como base de la escala.
2. Luego corremos un tono, o 2 semitonos, o 2 notas: Sol – La.
3. Colocados en la nota La, avanzamos un semitono, o una nota: Sol – La – Sib.
4. Posicionados en Sib, avanzamos un tono, o 2 semitonos, o 2 notas: Sol – La – Sib – Do.
5. Posicionados en Do, avanzamos un tono, o 2 semitonos, o 2 notas: Sol – La – Sib – Do – Re.
6. Posicionados en Re, avanzamos un semitono, o una nota: Sol – La – Sib – Do – Re – Mib.
7. Posicionados en Mib, avanzamos un tono, o 2 semitonos, o 2 notas: Sol – La – Sib – Do – Re – Mib – Fa.
8. Y por último posicionados en Fa, avanzamos otro tono, o 2 semitonos, o 2 notas: Sol – La – Sib – Do – Re – Mib – Fa – Sol.

ESCALA DO MENOR NATURAL

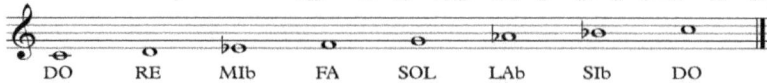

| DO | RE | MIb | FA | SOL | LAb | SIb | DO |

La escala relativa de DO MENOR es: MI BEMOL MAYOR.
La escala de DO menor en cifrado americano es: C – D – Eb – F – G – Ab – Bb – C.
Escala cromática: Do - Do# (Reb) – Re - Re# (Mib) – Mi – Fa - Fa# (Solb) – Sol - Sol# (Lab) – La - La# (Sib) – Si.
Regla escala menor natural: Tono - Semitono - Tono -Tono - Semitono - Tono - Tono.

PASO A PASO:
1. Comenzamos colocando la nota Do como base de la escala.
2. Luego corremos un tono, o 2 semitonos, o 2 notas: Do – Re.
3. Colocados en la nota Re, avanzamos un semitono, o una nota: Do – Re – Mib.
4. Posicionados en Mib, avanzamos un tono, o 2 semitonos, o 2 notas: Do – Re – Mib – Fa.

5. Posicionados en Fa, avanzamos un tono, o 2 semitonos, o 2 notas: Do – Re – Mib – Fa – Sol.
6. Posicionados en Sol, avanzamos un semitono, o una nota: Do - Re – Mib – Fa – Sol – Lab.
7. Posicionados en Lab, avanzamos un tono, o 2 semitonos, o 2 notas: Do - Re – Mib – Fa – Sol – Lab – Sib.
8. Y por último posicionados en Sib, avanzamos otro tono, o 2 semitonos, o 2 notas: Do - Re – Mib – Fa – Sol – Lab – Sib – Do.

ESCALA FA MENOR NATURAL

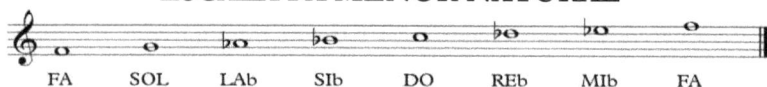

| FA | SOL | LAb | SIb | DO | REb | MIb | FA |

La escala relativa de FA MENOR es: LA BEMOL MAYOR.

La escala de FA menor en cifrado americano es: F – G – Ab – Bb – C – Db – Eb – F.

Escala cromática: Do - Do# (Reb) – Re - Re# (Mib) – Mi – Fa - Fa# (Solb) – Sol - Sol# (Lab) – La - La# (Sib) – Si.

Regla escala menor natural: Tono - Semitono - Tono -Tono - Semitono - Tono - Tono.

PASO A PASO:
1. Comenzamos colocando la nota Fa como base de la escala.
2. Luego corremos un tono, o 2 semitonos, o 2 notas: Fa – Sol.
3. Colocados en la nota Sol, avanzamos un semitono, o una nota: Fa – Sol – Lab.
4. Posicionados en Lab, avanzamos un tono, o 2 semitonos, o 2 notas: Fa – Sol – Lab – Sib.
5. Posicionados en Sib, avanzamos un tono, o 2 semitonos, o 2 notas: Fa – Sol – Lab – Sib – Do.
6. Posicionados en Do, avanzamos un semitono, o una nota: Fa – Sol – Lab – Sib – Do – Reb.
7. Posicionados en Reb, avanzamos un tono, o 2 semitonos, o 2 notas: Fa – Sol – Lab – Sib – Do – Reb – Mib.

8. Y por último posicionados en Mib, avanzamos otro tono, o 2 semitonos, o 2 notas: Fa – Sol – Lab – Sib – Do – Reb – Mib – Fa.

ESCALA SI BEMOL MENOR NATURAL

| SIb | DO | REb | MIb | FA | SOLb | LAb | SIb |

La escala relativa de SI BEMOL MENOR es: RE BEMOL MAYOR.
La escala de SIb menor en cifrado americano es: Bb – C – Db – Eb – F – Gb – Ab – Bb.
Escala cromática: Do - Do# (Reb) – Re - Re# (Mib) – Mi – Fa - Fa# (Solb) – Sol - Sol# (Lab) – La - La# (Sib) – Si.
Regla escala menor natural: Tono - Semitono - Tono -Tono - Semitono - Tono - Tono.

PASO A PASO:
1. Comenzamos colocando la nota Sib como base de la escala.
2. Luego corremos un tono, o 2 semitonos, o 2 notas: Sib – Do.
3. Colocados en la nota Do, avanzamos un semitono, o una nota: Sib – Do – Reb.
4. Posicionados en Reb, avanzamos un tono, o 2 semitonos, o 2 notas: Sib – Do – Reb – Mib.
5. Posicionados en Mib, avanzamos un tono, o 2 semitonos, o 2 notas: Sib – Do – Reb – Mib – Fa.
6. Posicionados en Fa, avanzamos un semitono, o una nota: Sib – Do – Reb – Mib – Fa – Solb.
7. Posicionados en Solb, avanzamos un tono, o 2 semitonos, o 2 notas: Sib – Do – Reb – Mib – Fa – Solb – Lab.
8. Y por último posicionados en Lab, avanzamos otro tono, o 2 semitonos, o 2 notas: Sib – Do – Reb – Mib – Fa – Solb – Lab – Sib.

ESCALA MI BEMOL MENOR NATURAL

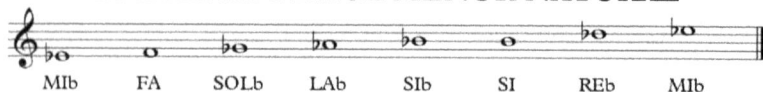

MIb	FA	SOLb	LAb	SIb	SI	REb	MIb

La escala relativa de MI BEMOL MENOR es: SOL BEMOL MAYOR.

La escala de MIb menor en cifrado americano es: Eb – F – Gb – Ab – Bb – B – Db – Eb.

Escala cromática: Do - Do# (Reb) – Re - Re# (Mib) – Mi – Fa - Fa# (Solb) – Sol - Sol# (Lab) – La - La# (Sib) – Si.

Regla escala menor natural: Tono - Semitono - Tono -Tono - Semitono - Tono - Tono.

PASO A PASO:

1. Comenzamos colocando la nota Mib como base de la escala.
2. Luego corremos un tono, o 2 semitonos, o 2 notas: Mib – Fa.
3. Colocados en la nota Fa, avanzamos un semitono, o una nota: Mib – Fa – Solb.
4. Posicionados en Solb, avanzamos un tono, o 2 semitonos, o 2 notas: Mib – Fa – Solb – Lab.
5. Posicionados en Lab, avanzamos un tono, o 2 semitonos, o 2 notas: Mib – Fa – Solb – Lab – Sib.
6. Posicionados en Sib, avanzamos un semitono, o una nota: Mib – Fa – Solb – Lab – Sib – Si.
7. Posicionados en Si, avanzamos un tono, o 2 semitonos, o 2 notas: Mib – Fa – Solb – Lab – Sib – Si – Reb.
8. Y por último posicionados en Reb, avanzamos otro tono, o 2 semitonos, o 2 notas: Mib – Fa – Solb – Lab – Sib – Si – Reb – Mib.

ESCALA LA BEMOL MENOR NATURAL

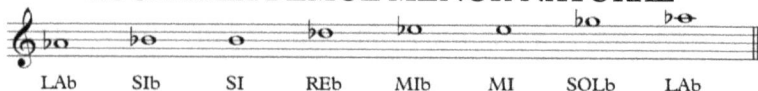

LAb	SIb	SI	REb	MIb	MI	SOLb	LAb

La escala relativa de LA BEMOL MENOR es: SI MAYOR.

La escala de L*Ab* menor en cifrado americano es: *Ab – Bb – B – Db – Eb – E – Gb – Ab.*

Escala cromática: *Do - Do# (Reb) – Re - Re# (Mib) – Mi - Fa - Fa# (Solb) – Sol - Sol# (Lab) – La - La# (Sib) – Si.*

Regla escala menor natural: *Tono - Semitono - Tono -Tono - Semitono - Tono - Tono.*

PASO A PASO:
1. Comenzamos colocando la nota Lab como base de la escala.
2. Luego corremos un tono, o 2 semitonos, o 2 notas: Lab – Sib.
3. Colocados en la nota Sib, avanzamos un semitono, o una nota: Lab – Sib – Si.
4. Posicionados en Si, avanzamos un tono, o 2 semitonos, o 2 notas: Lab – Sib - Si – Reb.
5. Posicionados en Reb, avanzamos un tono, o 2 semitonos, o 2 notas: Lab – Sib - Si – Reb – Mib.
6. Posicionados en Mib, avanzamos un semitono, o una nota: Lab – Sib - Si – Reb – Mib – Mi.
7. Posicionados en Mi, avanzamos un tono, o 2 semitonos, o 2 notas: Lab – Sib - Si – Reb – Mib – Mi – Solb.
8. Y por último posicionados en Solb, avanzamos otro tono, o 2 semitonos, o 2 notas: Lab – Sib - Si – Reb – Mib – Mi – Solb – Lab.

ESCALA DO SOSTENIDO MENOR NATURAL

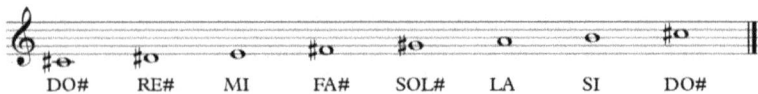

| DO# | RE# | MI | FA# | SOL# | LA | SI | DO# |

La escala relativa de *DO SOSTENIDO MENOR* es: *MI MAYOR.*

La escala de *DO# menor* en cifrado americano es: *C# – D# – E – F# – G# – A – B – C#.*

Escala cromática: *Do - Do# (Reb) – Re - Re# (Mib) – Mi - Fa - Fa# (Solb) – Sol - Sol# (Lab) – La - La# (Sib) – Si.*

Regla escala menor natural: *Tono - Semitono - Tono -Tono - Semitono - Tono - Tono.*

PASO A PASO:

1. Comenzamos colocando la nota Do♯ como base de la escala.

2. Luego corremos un tono, o 2 semitonos, o 2 notas: Do♯ - Re♯.

3. Colocados en la nota Re♯, avanzamos un semitono, o una nota: Do♯ - Re♯ – Mi.

4. Posicionados en Mi, avanzamos un tono, o 2 semitonos, o 2 notas: Do♯ - Re♯ – Mi – Fa♯.

5. Posicionados en Fa♯, avanzamos un tono, o 2 semitonos, o 2 notas: Do♯ - Re♯ – Mi – Fa♯ – Sol♯.

6. Posicionados en Sol♯, avanzamos un semitono, o una nota: Do♯ - Re♯ – Mi – Fa♯ – Sol♯ – La.

7. Posicionados en La, avanzamos un tono, o 2 semitonos, o 2 notas: Do♯ - Re♯ – Mi – Fa♯ – Sol♯ – La – Si.

8. Y por último posicionados en Si, avanzamos otro tono, o 2 semitonos, o 2 notas: Do♯ - Re♯ – Mi – Fa♯ – Sol♯ – La – Si - Do♯.

ESCALA FA SOSTENIDO MENOR NATURAL

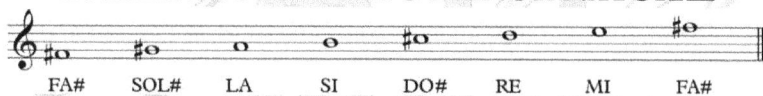

| FA# | SOL# | LA | SI | DO# | RE | MI | FA# |

La escala relativa de FA SOSTENIDO MENOR es: LA MAYOR.

La escala de FA♯ menor en cifrado americano es: F♯ – G♯ – A – B – C♯ – D – E – F♯.

Escala cromática: Do - Do♯ (Reb) – Re - Re♯ (Mib) – Mi – Fa - Fa♯ (Solb) – Sol - Sol♯ (Lab) – La - La♯ (Sib) – Si.

Regla escala menor natural: Tono - Semitono - Tono -Tono - Semitono - Tono - Tono.

PASO A PASO:

1. Comenzamos colocando la nota Fa♯ como base de la escala.

2. Luego corremos un tono, o 2 semitonos, o 2 notas: Fa♯ - Sol♯.

3. Colocados en la nota Sol♯, avanzamos un semitono, o una nota: Fa♯ - Sol♯ - La.

4. Posicionados en La, avanzamos un tono, o 2 semitonos, o 2 notas: Fa# - Sol# - La – Si.
5. Posicionados en Si, avanzamos un tono, o 2 semitonos, o 2 notas: Fa# - Sol# - La – Si – Do#.
6. Posicionados en Do#, avanzamos un semitono, o una nota: Fa# - Sol# - La – Si – Do# - Re.
7. Posicionados en Re, avanzamos un tono, o 2 semitonos, o 2 notas: Fa# - Sol# - La – Si – Do# - Re – Mi.
8. Y por último posicionados en Mi, avanzamos otro tono, o 2 semitonos, o 2 notas: Fa# - Sol# - La – Si – Do# - Re – Mi – Fa#.

ESCALA SI MENOR NATURAL

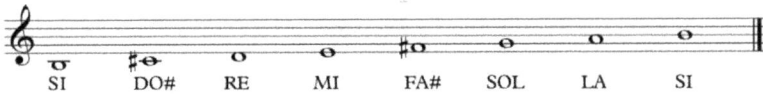

| SI | DO# | RE | MI | FA# | SOL | LA | SI |

La escala relativa de SI MENOR es: RE MAYOR.
La escala de SI menor en cifrado americano es: B – C# – D – E – F# – G – A – B.
Escala cromática: Do - Do# (Reb) – Re - Re# (Mib) – Mi – Fa - Fa# (Solb) – Sol - Sol# (Lab) – La - La# (Sib) – Si.
Regla escala menor natural: Tono - Semitono - Tono -Tono - Semitono - Tono - Tono.

PASO A PASO:
1. Comenzamos colocando la nota Si como base de la escala.
2. Luego corremos un tono, o 2 semitonos, o 2 notas: Si – Do#.
3. Colocados en la nota Do#, avanzamos un semitono, o una nota: Si – Do# - Re.
4. Posicionados en Re, avanzamos un tono, o 2 semitonos, o 2 notas: Si – Do# - Re – Mi.
5. Posicionados en Mi, avanzamos un tono, o 2 semitonos, o 2 notas: Si – Do# - Re – Mi – Fa#.
6. Posicionados en Fa#, avanzamos un semitono, o una nota: Si – Do# - Re – Mi – Fa# - Sol.

7. Posicionados en Sol, avanzamos un tono, o 2 semitonos, o 2 notas: Si – Do♯ - Re – Mi – Fa♯ - Sol – La.
8. Y por último posicionados en La, avanzamos otro tono, o 2 semitonos, o 2 notas: Si – Do♯ - Re – Mi – Fa♯ - Sol – La – Si.

ESCALA MI MENOR NATURAL

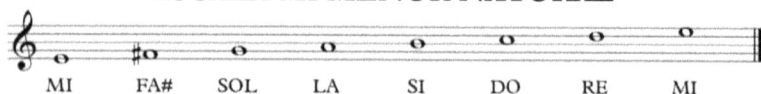

MI   FA#   SOL   LA   SI   DO   RE   MI

La escala relativa de MI MENOR es: SOL MAYOR.
La escala de MI menor en cifrado americano es: E – F♯– G – A – B – C – D – E. Escala cromática: Do - Do♯ (Reb) – Re - Re♯ (Mib) – Mi – Fa - Fa♯ (Solb) – Sol - Sol♯ (Lab) – La - La♯ (Sib) – Si.
Regla escala menor natural: Tono - Semitono - Tono -Tono - Semitono - Tono - Tono.

PASO A PASO:
1. Comenzamos colocando la nota Mi como base de la escala.
2. Luego corremos un tono, o 2 semitonos, o 2 notas: Mi – Fa♯.
3. Colocados en la nota Fa♯, avanzamos un semitono, o una nota: Mi – Fa♯ - Sol.
4. Posicionados en Sol, avanzamos un tono, o 2 semitonos, o 2 notas: Mi – Fa♯ - Sol – La.
5. Posicionados en La, avanzamos un tono, o 2 semitonos, o 2 notas: Mi – Fa♯ - Sol - La – Si.
6. Posicionados en Si, avanzamos un semitono, o una nota: Mi – Fa♯ - Sol - La – Si – Do.
7. Posicionados en Do, avanzamos un tono, o 2 semitonos, o 2 notas: Mi – Fa♯ - Sol - La – Si – Do – Re.
8. Y por último posicionados en Re, avanzamos otro tono, o 2 semitonos, o 2 notas: Mi – Fa♯ - Sol - La – Si – Do – Re – Mi.

LA ESCALA MENOR ARMÓNICA

Es una escala artificial. La diferencia con la escala menor natural, es que el séptimo grado este ascendido medio tono, con lo que se crea del sexto grado al séptimo una distancia de un tono y medio. Ejemplo: LA – SI – DO – RE – MI – FA – SOL# - LA. El patrón o regla que utiliza la escala menor armónica es el siguiente: Tono, semitono, tono, tono, semitono, tono y medio, semitono.

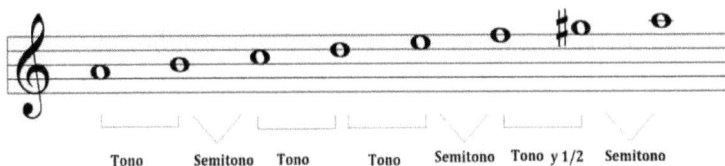

| Tono | Semitono | Tono | Tono | Semitono | Tono y 1/2 | Semitono |

Usaremos una vez la escala de La menor armónica para desarrollar el concepto de tono y semitono: La a Si = un tono. Si a Do = un semitono. Do a Re = un tono. Re a Mi = un tono. Mi a Fa = un semitono. Fa a Sol# = un tono y medio. Sol# a La = un semitono. Conociendo el patrón de tonos y semitonos de la escala menor armónica, ahora procederemos a desarrollar paso a paso, cada una de las escalas.

ESCALA EN LA MENOR ARMÓNICA

| LA | SI | DO | RE | MI | FA | SOL# | LA |

La escala de LA MENOR ARMÓNICA en cifrado americano es: A – B – C – D - E – F – G# - A.

Escala cromática: Do - Do# (Reb) – Re - Re# (Mib) – Mi – Fa - Fa# (Solb) – Sol - Sol# (Lab) – La - La# (Sib) – Si.

Regla escala menor armónica: Tono - Semitono - Tono -Tono - Semitono – Tono y medio – Semitono.

PASO A PASO:
1. Comenzamos colocando la nota La como base de la escala.
2. Luego corremos un tono, o 2 semitonos, o 2 notas: La – Si.
3. Colocados en la nota Si, avanzamos un semitono, o una nota: La – Si – Do.
4. Posicionados en Do, avanzamos un tono, o 2 semitonos, o 2 notas: La – Si – Do – Re.
5. Posicionados en Re, avanzamos un tono, o 2 semitonos, o 2 notas: La – Si – Do – Re – Mi.
6. Posicionados en Mi, avanzamos un semitono, o una nota: La – Si – Do – Re – Mi – Fa.
7. Posicionados en Fa, avanzamos un tono y medio, o 3 semitonos, o 3 notas: La – Si – Do – Re – Mi – Fa – Sol#.
8. Y por último posicionados en Sol#, avanzamos un semitono, o una nota: La – Si – Do – Re – Mi – Fa – Sol# - La.

ESCALA RE MENOR ARMÓNICA

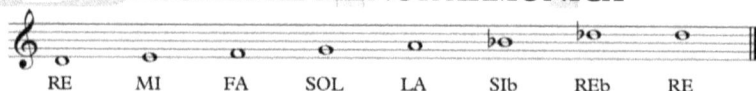

| RE | MI | FA | SOL | LA | SIb | REb | RE |

La escala de RE MENOR ARMÓNICA en cifrado americano es: D – E – F – G - A – Bb – Db – D.

Escala cromática: Do - Do# (Reb) – Re - Re# (Mib) – Mi – Fa - Fa# (Solb) – Sol - Sol# (Lab) – La - La# (Sib) – Si.

Regla escala menor armónica: Tono - Semitono - Tono -Tono - Semitono – Tono y medio – Semitono.

PASO A PASO:
1. Comenzamos colocando la nota Re como base de la escala.
2. Luego corremos un tono, o 2 semitonos, o 2 notas: Re – Mi.

3. Colocados en la nota Mi, avanzamos un semitono, o una nota: Re – Mi – Fa.
4. Posicionados en Fa, avanzamos un tono, o 2 semitonos, o 2 notas: Re – Mi - Fa – Sol.
5. Posicionados en Sol, avanzamos un tono, o 2 semitonos, o 2 notas: Re – Mi - Fa – Sol – La.
6. Posicionados en La, avanzamos un semitono, o una nota: Re – Mi - Fa – Sol – La – Sib.
7. Posicionados en Sib, avanzamos un tono y medio, o 3 semitonos, o 3 notas: Re – Mi - Fa – Sol – La – Sib – Reb.
8. Y por último posicionados en Reb, avanzamos un semitono, o una nota: Re – Mi - Fa – Sol – La – Sib – Reb – Re.

ESCALA SOL MENOR ARMÓNICA

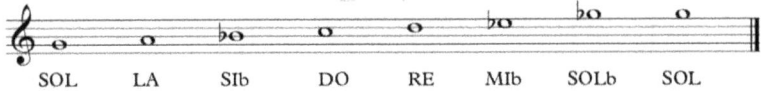

| SOL | LA | SIb | DO | RE | MIb | SOLb | SOL |

La escala de SOL MENOR ARMÓNICA en cifrado americano es: G – A – Bb – C – D – Eb – Gb – G.

Escala cromática: Do – Do# (Reb) – Re – Re# (Mib) – Mi – Fa – Fa# (Solb) – Sol – Sol# (Lab) – La – La# (Sib) – Si.

Regla escala menor armónica: Tono – Semitono – Tono -Tono – Semitono – Tono y medio – Semitono.

PASO A PASO:
1. Comenzamos colocando la nota Sol como base de la escala.
2. Luego corremos un tono, o 2 semitonos, o 2 notas: Sol – La.
3. Colocados en la nota La, avanzamos un semitono, o una nota: Sol – La – Sib.
4. Posicionados en Sib, avanzamos un tono, o 2 semitonos, o 2 notas: Sol – La – Sib – Do.
5. Posicionados en Do, avanzamos un tono, o 2 semitonos, o 2 notas: Sol – La – Sib – Do – Re.
6. Posicionados en Re, avanzamos un semitono, o una nota: Sol – La – Sib – Do – Re – Mib.

31

7. Posicionados en Mib, avanzamos un tono y medio, o 3 semitonos, o 3 notas: Sol – La – Sib – Do – Re – Mib – Solb.
8. Y por último posicionados en Solb, avanzamos un semitono, o una nota: Sol – La – Sib – Do – Re – Mib – Solb – Sol.

ESCALA DO MENOR ARMÓNICA

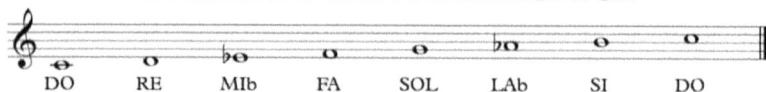

| DO | RE | MIb | FA | SOL | LAb | SI | DO |

La escala de DO MENOR ARMÓNICA en cifrado americano es: C – D – Eb – F - G – Ab – B – C.
Escala cromática: Do - Do# (Reb) – Re - Re# (Mib) – Mi - Fa - Fa# (Solb) – Sol - Sol# (Lab) – La - La# (Sib) – Si.
Regla escala menor armónica: Tono - Semitono - Tono -Tono - Semitono – Tono y medio – Semitono.

PASO A PASO:
1. Comenzamos colocando la nota Do como base de la escala.
2. Luego corremos un tono, o 2 semitonos, o 2 notas: Do – Re.
3. Colocados en la nota Re, avanzamos un semitono, o una nota: Do – Re – Mib.
4. Posicionados en Mib, avanzamos un tono, o 2 semitonos, o 2 notas: Do – Re – Mib – Fa.
5. Posicionados en Fa, avanzamos un tono, o 2 semitonos, o 2 notas: Do – Re – Mib – Fa – Sol.
6. Posicionados en Sol, avanzamos un semitono, o una nota: Do - Re – Mib – Fa – Sol – Lab.
7. Posicionados en Lab, avanzamos un tono y medio, o 3 semitonos, o 3 notas: Do - Re – Mib – Fa – Sol – Lab – Si.
8. Y por último posicionados en Si, avanzamos un semitono, o una nota: Do - Re – Mib – Fa – Sol – Lab – Si – Do.

ESCALA FA MENOR ARMÓNICA

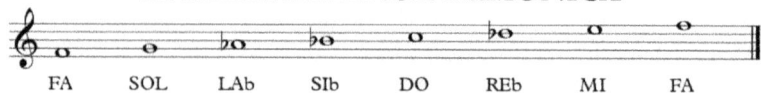

| FA | SOL | LAb | SIb | DO | REb | MI | FA |

La escala de FA MENOR ARMÓNICA en cifrado americano es: F – G – Ab – Bb - C – Db – E – F.

Escala cromática: Do - Do# (Reb) – Re - Re# (Mib) – Mi – Fa - Fa# (Solb) – Sol - Sol# (Lab) – La - La# (Sib) – Si.

Regla escala menor armónica: Tono - Semitono - Tono -Tono - Semitono – Tono y medio – Semitono.

PASO A PASO:

1. Comenzamos colocando la nota Fa como base de la escala.
2. Luego corremos un tono, o 2 semitonos, o 2 notas: Fa – Sol.
3. Colocados en la nota Sol, avanzamos un semitono, o una nota: Fa – Sol – Lab.
4. Posicionados en Lab, avanzamos un tono, o 2 semitonos, o 2 notas: Fa – Sol – Lab – Sib.
5. Posicionados en Sib, avanzamos un tono, o 2 semitonos, o 2 notas: Fa – Sol – Lab – Sib – Do.
6. Posicionados en Do, avanzamos un semitono, o una nota: Fa – Sol – Lab – Sib – Do – Reb.
7. Posicionados en Reb, avanzamos un tono y medio, o 3 semitonos, o 3 notas: Fa – Sol – Lab – Sib – Do – Reb – Mi.
8. Y por último posicionados en Mi, avanzamos un semitono, o una nota: Fa – Sol – Lab – Sib – Do – Reb – Mi – Fa.

ESCALA SI BEMOL MENOR ARMÓNICA

| SIb | DO | REb | MIb | FA | SOLb | LA | SIb |

La escala de SI BEMOL MENOR ARMÓNICA en cifrado americano es: Bb – C – Db – Eb - F – Gb – A - Bb.

Escala cromática: Do - Do# (Reb) – Re - Re# (Mib) – Mi – Fa - Fa# (Solb) – Sol - Sol# (Lab) – La - La# (Sib) – Si.

Regla escala menor armónica: Tono - Semitono - Tono -Tono - Semitono – Tono y medio – Semitono.

PASO A PASO:

1. Comenzamos colocando la nota Sib como base de la escala.

2. Luego corremos un tono, o 2 semitonos, o 2 notas: Sib – Do.
3. Colocados en la nota Do, avanzamos un semitono, o una nota: Sib – Do – Reb.
4. Posicionados en Reb, avanzamos un tono, o 2 semitonos, o 2 notas: Sib – Do – Reb – Mib.
5. Posicionados en Mib, avanzamos un tono, o 2 semitonos, o 2 notas: Sib – Do – Reb – Mib – Fa.
6. Posicionados en Fa, avanzamos un semitono, o una nota: Sib – Do – Reb – Mib – Fa – Solb.
7. Posicionados en Solb, avanzamos un tono y medio, o 3 semitonos, o 3 notas: Sib – Do – Reb – Mib – Fa – Solb – La.
8. Y por último posicionados en La, avanzamos un semitono, o una nota: Sib – Do – Reb – Mib – Fa – Solb – La – Sib.

ESCALA MI BEMOL MENOR ARMÓNICA

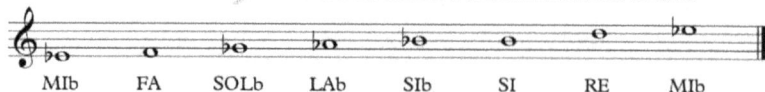

| MIb | FA | SOLb | LAb | SIb | SI | RE | MIb |

La escala de MI BEMOL MENOR ARMÓNICA en cifrado americano es:
Eb – F – Gb – Ab - Bb – B – D - Eb.
Escala cromática: Do - Do# (Reb) – Re - Re# (Mib) – Mi – Fa - Fa# (Solb) – Sol - Sol# (Lab) – La - La# (Sib) – Si.
Regla escala menor armónica: Tono - Semitono - Tono -Tono - Semitono – Tono y medio – Semitono.

PASO A PASO:
1. Comenzamos colocando la nota Mib como base de la escala.
2. Luego corremos un tono, o 2 semitonos, o 2 notas: Mib – Fa.
3. Colocados en la nota Fa, avanzamos un semitono, o una nota: Mib – Fa – Solb.
4. Posicionados en Solb, avanzamos un tono, o 2 semitonos, o 2 notas: Mib – Fa – Solb – Lab.
5. Posicionados en Lab, avanzamos un tono, o 2 semitonos, o 2 notas: Mib – Fa – Solb – Lab – Sib.

6. Posicionados en Sib, avanzamos un semitono, o una nota: Mib – Fa – Solb – Lab – Sib – Si.
7. Posicionados en Si, avanzamos un tono y medio, o 3 semitonos, o 3 notas: Mib – Fa – Solb – Lab – Sib – Si – Re.
8. Y por último posicionados en Re, avanzamos un semitono, o una nota: Mib – Fa – Solb – Lab – Sib – Si – Re – Mib.

ESCALA LA BEMOL MENOR ARMÓNICA

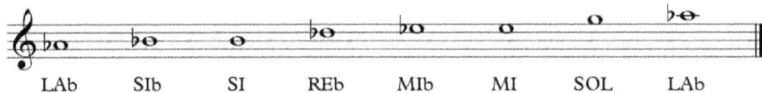

| LAb | SIb | SI | REb | MIb | MI | SOL | LAb |

La escala de LA BEMOL MENOR ARMÓNICA en cifrado americano es: Ab – Bb – B – Db - Eb – E – G - Ab.

Escala cromática: Do - Do# (Reb) – Re - Re# (Mib) – Mi – Fa - Fa# (Solb) – Sol - Sol# (Lab) – La - La# (Sib) – Si.

Regla escala menor armónica: Tono - Semitono - Tono -Tono - Semitono – Tono y medio – Semitono.

PASO A PASO:
1. Comenzamos colocando la nota Lab como base de la escala.
2. Luego corremos un tono, o 2 semitonos, o 2 notas: Lab – Sib.
3. Colocados en la nota Sib, avanzamos un semitono, o una nota: Lab – Sib – Si.
4. Posicionados en Si, avanzamos un tono, o 2 semitonos, o 2 notas: Lab – Sib - Si – Reb.
5. Posicionados en Reb, avanzamos un tono, o 2 semitonos, o 2 notas: Lab – Sib - Si – Reb – Mib.
6. Posicionados en Mib, avanzamos un semitono, o una nota: Lab – Sib - Si – Reb – Mib – Mi.
7. Posicionados en Mi, avanzamos un tono y medio, o 3 semitonos, o 3 notas: Lab – Sib - Si – Reb – Mib – Mi – Sol.
8. Y por último posicionados en Sol, avanzamos un semitono, o una nota: Lab – Sib - Si – Reb – Mib – Mi – Sol – Lab.

ESCALA DO SOSTENIDO MENOR ARMÓNICA

| DO# | RE# | MI | FA# | SOL# | LA | DO | DO# |

*La escala de DO# MENOR ARMÓNICA en cifrado americano es: C# – D#
– E – F# - G# – A – C – C#.*

*Escala cromática: Do - Do# (Reb) – Re - Re# (Mib) – Mi – Fa - Fa# (Solb) –
Sol - Sol# (Lab) – La - La# (Sib) – Si.*

*Regla escala menor armónica: Tono - Semitono - Tono -Tono - Semitono – Tono
y medio – Semitono.*

PASO A PASO:

1. Comenzamos colocando la nota Do# como base de la escala.
2. Luego corremos un tono, o 2 semitonos, o 2 notas: Do# - Re#.
3. Colocados en la nota Re#, avanzamos un semitono, o una nota:
   Do# - Re# – Mi.
4. Posicionados en Mi, avanzamos un tono, o 2 semitonos, o 2
   notas: Do# - Re# – Mi – Fa#.
5. Posicionados en Fa#, avanzamos un tono, o 2 semitonos, o 2
   notas: Do# - Re# – Mi – Fa# – Sol#.
6. Posicionados en Sol#, avanzamos un semitono, o una nota:
   Do# - Re# – Mi – Fa# – Sol# – La.
7. Posicionados en La, avanzamos un tono y medio, o 3
   semitonos, o 3 notas: Do# - Re# – Mi – Fa# – Sol# – La – Do.
8. Y por último posicionados en Do, avanzamos un semitono, o
   una nota: Do# - Re# – Mi – Fa# – Sol# – La – Do - Do#

ESCALA FA SOSTENIDO MENOR ARMÓNICA

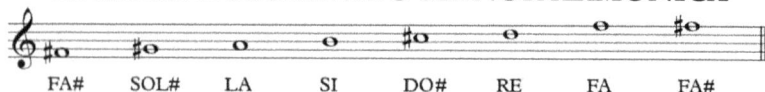

| FA# | SOL# | LA | SI | DO# | RE | FA | FA# |

*La escala de FA# MENOR ARMÓNICA en cifrado americano es: F# – G#
– A – B - C# – D – F – F#.*

*Escala cromática: Do - Do# (Reb) – Re - Re# (Mib) – Mi – Fa - Fa# (Solb) –
Sol - Sol# (Lab) – La - La# (Sib) – Si.*

Regla escala menor armónica: Tono - Semitono - Tono -Tono - Semitono – Tono y medio – Semitono.

PASO A PASO:
1. Comenzamos colocando la nota Fa♯ como base de la escala.
2. Luego corremos un tono, o 2 semitonos, o 2 notas: Fa♯ - Sol♯.
3. Colocados en la nota Sol♯, avanzamos un semitono, o una nota: Fa♯ - Sol♯ - La.
4. Posicionados en La, avanzamos un tono, o 2 semitonos, o 2 notas: Fa♯ - Sol♯ - La – Si.
5. Posicionados en Si, avanzamos un tono, o 2 semitonos, o 2 notas: Fa♯ - Sol♯ - La – Si – Do♯.
6. Posicionados en Do♯, avanzamos un semitono, o una nota: Fa♯ - Sol♯ - La – Si – Do♯ - Re.
7. Posicionados en Re, avanzamos un tono y medio, o 3 semitonos, o 3 notas: Fa♯ - Sol♯ - La – Si – Do♯ - Re – Fa.
8. Y por último posicionados en Fa, avanzamos un semitono, o una nota: Fa♯ - Sol♯ - La – Si – Do♯ - Re – Fa – Fa♯.

ESCALA SI MENOR ARMÓNICA

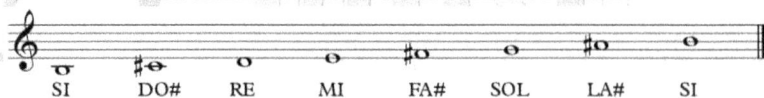

| SI | DO# | RE | MI | FA# | SOL | LA# | SI |

La escala de SI MENOR ARMÓNICA en cifrado americano es: B – C♯– D – E - F♯– G – A♯– B.

Escala cromática: Do - Do♯ (Reb) – Re - Re♯ (Mib) – Mi – Fa - Fa♯ (Solb) – Sol - Sol♯ (Lab) – La - La♯ (Sib) – Si.

Regla escala menor armónica: Tono - Semitono - Tono -Tono - Semitono – Tono y medio – Semitono.

PASO A PASO:
1. Comenzamos colocando la nota Si como base de la escala.
2. Luego corremos un tono, o 2 semitonos, o 2 notas: Si – Do♯.
3. Colocados en la nota Do♯, avanzamos un semitono, o una nota: Si – Do♯ - Re.

4. Posicionados en Re, avanzamos un tono, o 2 semitonos, o 2 notas: Si – Do♯ - Re – Mi.
5. Posicionados en Mi, avanzamos un tono, o 2 semitonos, o 2 notas: Si – Do♯ - Re – Mi – Fa♯.
6. Posicionados en Fa♯, avanzamos un semitono, o una nota: Si – Do♯ - Re – Mi – Fa♯ - Sol.
7. Posicionados en Sol, avanzamos un tono y medio, o 3 semitonos, o 3 notas: Si – Do♯ - Re – Mi – Fa♯ - Sol – La♯.
8. Y por último posicionados en La♯, avanzamos un semitono, o una nota: Si – Do♯ - Re – Mi – Fa♯ - Sol – La♯ - Si.

ESCALA MI MENOR ARMÓNICA

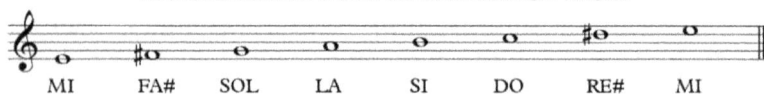

| MI | FA# | SOL | LA | SI | DO | RE# | MI |

La escala de MI MENOR ARMÓNICA en cifrado americano es: E – F♯ – G – A – B – C – D♯ – E.
Escala cromática: Do - Do♯ (Reb) – Re - Re♯ (Mib) – Mi – Fa - Fa♯ (Solb) – Sol - Sol♯ (Lab) – La - La♯ (Sib) – Si.
Regla escala menor armónica: Tono - Semitono - Tono -Tono - Semitono – Tono y medio – Semitono.

PASO A PASO:
1. Comenzamos colocando la nota Mi como base de la escala.
2. Luego corremos un tono, o 2 semitonos, o 2 notas: Mi – Fa♯.
3. Colocados en la nota Fa♯, avanzamos un semitono, o una nota: Mi – Fa♯ - Sol.
4. Posicionados en Sol, avanzamos un tono, o 2 semitonos, o 2 notas: Mi – Fa♯ - Sol – La.
5. Posicionados en La, avanzamos un tono, o 2 semitonos, o 2 notas: Mi – Fa♯ - Sol - La – Si.
6. Posicionados en Si, avanzamos un semitono, o una nota: Mi – Fa♯ - Sol - La – Si – Do.
7. Posicionados en Do, avanzamos un tono y medio, o 3 semitonos, o 3 notas: Mi – Fa♯ - Sol - La – Si – Do – Re♯.

8. Y por último posicionados en Re♯, avanzamos un semitono, o una nota: Mi – Fa♯ - Sol - La – Si – Do – Re♯ - Mi.

LA ESCALA MENOR MELÓDICA

Es otra escala artificial. Tiene la característica de ascender con una estructura y descender con otra. En esta escala se sube el sexto y el séptimo grado, pero cuando baja lo hace igual que una escala menor natural.

La regla que utiliza la escala menor melódica al subir es: Tono – semitono – tono – tono – tono – tono – semitono. Y el patrón que utiliza la escala menor melódica al bajar es: Tono – tono – semitono – tono – tono – semitono – tono. Desarrollemos el patrón de tonos y semitonos con la escala de La menor melódica:

Subiendo: La a Si = un tono. Si a Do = un semitono. Do a Re = un tono. Re a Mi = un tono. Mi a Fa♯ = un tono. Fa♯ a Sol♯ = un tono. Sol♯ a La = un semitono.

Bajando: La a Sol = un tono. Sol a Fa = un tono. Fa a Mi = un semitono. Mi a Re = un tono. Re a Do = un tono. Do a Si = un semitono. Si a La = un tono.

Comencemos a desarrollar la escala menor melódica, teniendo en cuenta la escala cromática.

ESCALA EN LA MENOR MELÓDICA

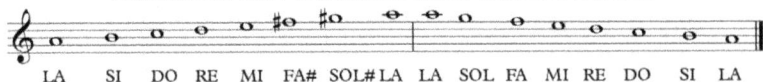

LA   SI   DO   RE   MI   FA#   SOL#LA   LA   SOL   FA   MI   RE   DO   SI   LA

La escala de LA MENOR MELÓDICA en cifrado americano es: A – B – C – D – E - F# - G# - A / A – G – F – E – D – C - B – A.

Regla escala menor melódica: **Subiendo:** *Tono – semitono – tono – tono – tono – tono – semitono.* **Bajando:** *Tono – tono – semitono – tono – tono – semitono – tono.*

Escala cromática: Do - Do# (Reb) – Re - Re# (Mib) – Mi – Fa - Fa# (Solb) – Sol - Sol# (Lab) – La - La# (Sib) – Si.

PASO A PASO:

1. Comenzamos colocando la nota La como base de la escala.
2. Luego corremos un tono, o 2 semitonos, o 2 notas: La – Si.
3. Colocados en la nota Si, subimos un semitono, o una nota: La – Si – Do.
4. Posicionados en Do, subimos un tono, o 2 semitonos, o 2 notas: La – Si – Do – Re.
5. Posicionados en Re, subimos un tono, o 2 semitonos, o 2 notas: La – Si – Do – Re – Mi.
6. Posicionados en Mi, subimos un tono, o 2 semitonos, o 2 notas: La – Si – Do – Re – Mi – Fa#.
7. Posicionados en Fa#, subimos otro tono, o 2 semitonos, o 2 notas: La – Si – Do – Re – Mi – Fa# – Sol#.
8. Y por último posicionados en Sol#, subimos un semitono, o una nota: La – Si – Do – Re – Mi – Fa# – Sol# - La.

Ahora lo hacemos bajando: Iniciamos colocando la nota La, donde llegamos al subir.

- Colocados en La, bajamos un tono, o 2 semitonos, o 2 notas: La – Sol.
- Posicionados en Sol, bajamos un tono, o 2 semitonos, o 2 notas: La – Sol – Fa.
- Posicionados en Fa, bajamos un semitono, o una nota: La – Sol – Fa – Mi.

41

- Posicionados en Mi, bajamos un tono, o 2 semitonos, o 2 notas: La – Sol – Fa – Mi – Re.
- Posicionados en Re, bajamos un tono, o 2 semitonos, o 2 notas: La – Sol – Fa – Mi – Re – Do.
- Posicionados en Do, bajamos un semitono, o una nota: La – Sol – Fa – Mi – Re – Do – Si.
- Y por último posicionados en Si, bajamos un tono, o 2 semitonos, o 2 notas: La – Sol – Fa – Mi – Re – Do – Si – La
.
- La escala de La menor melódica es: **Subiendo:** La – Si – Do – Re – Mi – Fa# – Sol# - La. **Bajando:** La – Sol – Fa – Mi – Re – Do – Si – La.

ESCALA RE MENOR MELÓDICA

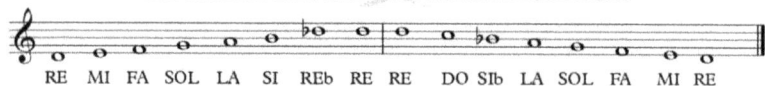

RE   MI   FA   SOL   LA   SI   REb   RE   RE   DO   SIb   LA   SOL   FA   MI   RE

La escala de RE MENOR MELÓDICA en cifrado americano es: D – E – F – G – A - B - Db - D / D – C – Bb – A – G – F – E – D.
Regla escala menor melódica: **Subiendo:** *Tono – semitono – tono – tono – tono – tono – semitono.* **Bajando:** *Tono – tono – semitono – tono – tono – semitono – tono.*
Escala cromática: Do - Do# (Reb) – Re - Re# (Mib) – Mi – Fa - Fa# (Solb) – Sol - Sol# (Lab) – La - La# (Sib) – Si.

PASO A PASO:
1. Comenzamos colocando la nota Re como base de la escala.
2. Luego corremos un tono, o 2 semitonos, o 2 notas: Re – Mi.
3. Colocados en la nota Mi, subimos un semitono, o una nota: Re – Mi – Fa.
4. Posicionados en Fa, subimos un tono, o 2 semitonos, o 2 notas: Re – Mi – Fa – Sol.
5. Posicionados en Sol, subimos un tono, o 2 semitonos, o 2 notas: Re – Mi – Fa – Sol – La.
6. Posicionados en La, subimos un tono, o 2 semitonos, o 2 notas: Re – Mi – Fa – Sol – La – Si.

7. Posicionados en Si, subimos otro tono, o 2 semitonos, o 2 notas: Re – Mi – Fa – Sol – La – Si – Reb.
8. Y por último posicionados en Reb, subimos un semitono, o una nota: Re – Mi – Fa – Sol – La – Si – Reb - Re.

Ahora lo hacemos bajando: Iniciamos colocando la nota Re, donde llegamos al subir.

- Colocados en Re, bajamos un tono, o 2 semitonos, o 2 notas: Re – Do.
- Posicionados en Do, bajamos un tono, o 2 semitonos, o 2 notas: Re – Do – Sib.
- Posicionados en Sib, bajamos un semitono, o una nota: Re – Do – Sib – La.
- Posicionados en La, bajamos un tono, o 2 semitonos, o 2 notas: Re – Do – Sib – La – Sol.
- Posicionados en Sol, bajamos un tono, o 2 semitonos, o 2 notas: Re – Do – Sib – La – Sol – Fa.
- Posicionados en Fa, bajamos un semitono, o una nota: Re – Do – Sib – La – Sol – Fa – Mi.
- Y por último posicionados en Mi, bajamos un tono, o 2 semitonos, o 2 notas: Re – Do – Sib – La – Sol – Fa – Mi – Re.
- La escala de Re menor melódica es: **Subiendo:** Re – Mi – Fa – Sol – La – Si – Reb - Re. **Bajando:** Re – Do – Sib – La – Sol – Fa – Mi – Re.

ESCALA SOL MENOR MELÓDICA

SOL LA SIb DO RE MI SOLb SOL SOL FA MIb RE DO SIb LA SOL

La escala de SOL MENOR MELÓDICA en cifrado americano es: G – A – Bb – C – D - E - Gb - G / G – F – Eb – D – C – Bb – A – G.
Regla escala menor melódica: **Subiendo:** *Tono – semitono – tono – tono – tono – tono – semitono.* **Bajando:** *Tono – tono – semitono – tono – tono – semitono – tono.*

Escala cromática: Do - Do# (Reb) – Re - Re# (Mib) – Mi – Fa - Fa# (Solb) – Sol - Sol# (Lab) – La - La# (Sib) – Si.

PASO A PASO:
1. Comenzamos colocando la nota Sol como base de la escala.
2. Luego corremos un tono, o 2 semitonos, o 2 notas: Sol – La.
3. Colocados en la nota La, subimos un semitono, o una nota: Sol – La – Sib.
4. Posicionados en Sib, subimos un tono, o 2 semitonos, o 2 notas: Sol – La – Sib – Do.
5. Posicionados en Do, subimos un tono, o 2 semitonos, o 2 notas: Sol – La – Sib – Do – Re.
6. Posicionados en Re, subimos un tono, o 2 semitonos, o 2 notas: Sol – La – Sib – Do – Re – Mi.
7. Posicionados en Mi, subimos otro tono, o 2 semitonos, o 2 notas: Sol – La – Sib – Do – Re – Mi – Solb.
8. Y por último posicionados en Solb, subimos un semitono, o una nota: Sol – La – Sib – Do – Re – Mi – Solb - Sol.

Ahora lo hacemos bajando: Iniciamos colocando la nota Sol, donde llegamos al subir.
- Colocados en Sol, bajamos un tono, o 2 semitonos, o 2 notas: Sol – Fa.
- Posicionados en Fa, bajamos un tono, o 2 semitonos, o 2 notas: Sol – Fa – Mib.
- Posicionados en Mib, bajamos un semitono, o una nota: Sol – Fa – Mib – Re.
- Posicionados en Re, bajamos un tono, o 2 semitonos, o 2 notas: Sol – Fa – Mib – Re – Do.
- Posicionados en Do, bajamos un tono, o 2 semitonos, o 2 notas: Sol – Fa – Mib – Re – Do – Sib.
- Posicionados en Sib, bajamos un semitono, o una nota: Sol – Fa – Mib – Re – Do – Sib – La.

- Y por último posicionados en La, bajamos un tono, o 2 semitonos, o 2 notas: Sol – Fa – Mib – Re – Do – Sib – La – Sol.
- La escala de Sol menor melódica es: **Subiendo:** Sol – La – Sib – Do – Re – Mi – Solb – Sol. **Bajando:** Sol – Fa – Mib – Re – Do – Sib – La – Sol.

ESCALA DO MENOR MELÓDICA

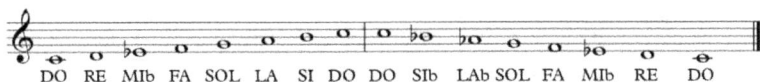

DO RE MIb FA SOL LA SI DO DO SIb LAb SOL FA MIb RE DO

La escala de DO MENOR MELÓDICA en cifrado americano es: C – D – Eb – F – G -A - B - C / C – Bb – Ab – G – F – Eb – D – C.

Regla escala menor melódica: **Subiendo:** *Tono – semitono – tono – tono – tono – tono – semitono.* **Bajando:** *Tono – tono – semitono – tono – tono – semitono – tono.*

Escala cromática: Do - Do# (Reb) – Re - Re# (Mib) – Mi – Fa - Fa# (Solb) – Sol - Sol# (Lab) – La - La# (Sib) – Si.

PASO A PASO:
1. Comenzamos colocando la nota Do como base de la escala.
2. Luego corremos un tono, o 2 semitonos, o 2 notas: Do – Re.
3. Colocados en la nota Re, subimos un semitono, o una nota: Do – Re – Mib.
4. Posicionados en Mib, subimos un tono, o 2 semitonos, o 2 notas: Do – Re – Mib – Fa.
5. Posicionados en Fa, subimos un tono, o 2 semitonos, o 2 notas: Do – Re – Mib – Fa – Sol.
6. Posicionados en Sol, subimos un tono, o 2 semitonos, o 2 notas: Do – Re – Mib – Fa – Sol – La.
7. Posicionados en La, subimos otro tono, o 2 semitonos, o 2 notas: Do – Re – Mib – Fa – Sol – La – Si.
8. Y por último posicionados en Si, subimos un semitono, o una nota: Do – Re – Mib – Fa – Sol – La – Si – Do.

Ahora lo hacemos bajando: Iniciamos colocando la nota Do, donde llegamos al subir.

- Colocados en Do, bajamos un tono, o 2 semitonos, o 2 notas: Do – Sib.
- Posicionados en Sib, bajamos un tono, o 2 semitonos, o 2 notas: Do – Sib - Lab.
- Posicionados en Lab, bajamos un semitono, o una nota: Do – Sib - Lab – Sol.
- Posicionados en Sol, bajamos un tono, o 2 semitonos, o 2 notas: Do – Sib - Lab – Sol – Fa.
- Posicionados en Fa, bajamos un tono, o 2 semitonos, o 2 notas: Do – Sib - Lab – Sol – Fa – Mib.
- Posicionados en Mib, bajamos un semitono, o una nota: Do – Sib - Lab – Sol – Fa – Mib – Re.
- Y por último posicionados en Re, bajamos un tono, o 2 semitonos, o 2 notas: Do – Sib - Lab – Sol – Fa – Mib – Re – Do.
- La escala de Do menor melódica es: **Subiendo:** Do – Re – Mib – Fa – Sol – La – Si – Do. **Bajando:** Do – Sib - Lab – Sol – Fa – Mib – Re – Do.

ESCALA FA MENOR MELÓDICA

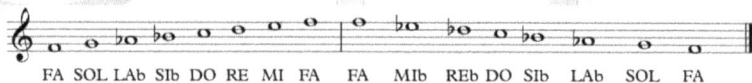

FA SOL LAb SIb DO RE MI FA   FA   MIb REb DO SIb   LAb   SOL   FA

La escala de FA MENOR MELÓDICA en cifrado americano es: F – G – Ab – Bb – C - D - E - F / F – Eb – Db – C – Bb – Ab – G – F.

Regla escala menor melódica: **Subiendo:** *Tono – semitono – tono – tono – tono – tono – semitono.* **Bajando:** *Tono – tono – semitono – tono – tono – semitono – tono.*

Escala cromática: Do - Do# (Reb) – Re - Re# (Mib) – Mi – Fa - Fa# (Solb) – Sol - Sol# (Lab) – La - La# (Sib) – Si.

PASO A PASO:
1. Comenzamos colocando la nota Fa como base de la escala.
2. Luego corremos un tono, o 2 semitonos, o 2 notas: Fa – Sol.

3. Colocados en la nota Sol, subimos un semitono, o una nota: Fa – Sol – Lab.

4. Posicionados en Lab, subimos un tono, o 2 semitonos, o 2 notas: Fa – Sol – Lab – Sib.

5. Posicionados en Sib, subimos un tono, o 2 semitonos, o 2 notas: Fa – Sol – Lab – Sib – Do.

6. Posicionados en Do, subimos un tono, o 2 semitonos, o 2 notas: Fa – Sol – Lab – Sib – Do – Re.

7. Posicionados en Re, subimos otro tono, o 2 semitonos, o 2 notas: Fa – Sol – Lab – Sib – Do – Re – Mi.

8. Y por último posicionados en Mi, subimos un semitono, o una nota: Fa – Sol – Lab – Sib – Do – Re – Mi – Fa.

Ahora lo hacemos bajando: Iniciamos colocando la nota Fa, donde llegamos al subir.

- Colocados en Fa, bajamos un tono, o 2 semitonos, o 2 notas: Fa – Mib.

- Posicionados en Mib, bajamos un tono, o 2 semitonos, o 2 notas: Fa – Mib - Reb.

- Posicionados en Reb, bajamos un semitono, o una nota: Fa – Mib - Reb – Do.

- Posicionados en Do, bajamos un tono, o 2 semitonos, o 2 notas: Fa – Mib - Reb – Do – Sib.

- Posicionados en Sib, bajamos un tono, o 2 semitonos, o 2 notas: Fa – Mib - Reb – Do – Sib – Lab.

- Posicionados en Lab, bajamos un semitono, o una nota: Fa – Mib - Reb – Do – Sib – Lab – Sol.

- Y por último posicionados en Sol, bajamos un tono, o 2 semitonos, o 2 notas: Fa – Mib - Reb – Do – Sib – Lab – Sol – Fa.

- La escala de Fa menor melódica es: **Subiendo:** Fa – Sol – Lab – Sib – Do – Re – Mi – Fa. **Bajando:** Fa – Mib - Reb – Do – Sib – Lab – Sol – Fa.

ESCALA SI BEMOL MENOR MELÓDICA

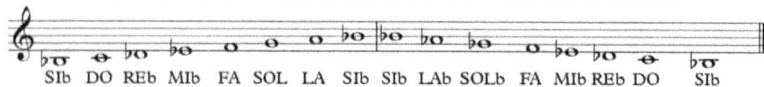

SIb DO REb MIb FA SOL LA SIb SIb LAb SOLb FA MIb REb DO SIb

La escala de SI BEMOL MENOR MELÓDICA en cifrado americano es:
Bb – C – Db – Eb – F – G – A – Bb / Bb – Ab – Gb – F – Eb – Db –
C – Bb.

Regla escala menor melódica: **Subiendo:** *Tono – semitono – tono – tono – tono – tono – semitono.* **Bajando:** *Tono – tono – semitono – tono – tono – semitono – tono.*

Escala cromática: Do – Do♯ (Reb) – Re – Re♯ (Mib) – Mi – Fa – Fa♯ (Solb) – Sol – Sol♯ (Lab) – La – La♯ (Sib) – Si.

PASO A PASO:

1. Comenzamos colocando la nota Sib como base de la escala.
2. Luego corremos un tono, o 2 semitonos, o 2 notas: Sib – Do.
3. Colocados en la nota Do, subimos un semitono, o una nota: Sib – Do – Reb.
4. Posicionados en Reb, subimos un tono, o 2 semitonos, o 2 notas: Sib – Do – Reb – Mib.
5. Posicionados en Mib, subimos un tono, o 2 semitonos, o 2 notas: Sib – Do – Reb – Mib – Fa.
6. Posicionados en Fa, subimos un tono, o 2 semitonos, o 2 notas: Sib – Do – Reb – Mib – Fa – Sol.
7. Posicionados en Sol, subimos otro tono, o 2 semitonos, o 2 notas: Sib – Do – Reb – Mib – Fa – Sol – La.
8. Y por último posicionados en La, subimos un semitono, o una nota: Sib – Do – Reb – Mib – Fa – Sol – La - Sib.

Ahora lo hacemos bajando: Iniciamos colocando la nota Sib, donde llegamos al subir.

- Colocados en Sib, bajamos un tono, o 2 semitonos, o 2 notas: Sib – Lab.
- Posicionados en Lab, bajamos un tono, o 2 semitonos, o 2 notas: Sib – Lab - Solb.

- Posicionados en Solb, bajamos un semitono, o una nota: Sib – Lab - Solb – Fa.
- Posicionados en Fa, bajamos un tono, o 2 semitonos, o 2 notas: Sib – Lab - Solb – Fa – Mib.
- Posicionados en Mib, bajamos un tono, o 2 semitonos, o 2 notas: Sib – Lab - Solb – Fa – Mib – Reb.
- Posicionados en Reb, bajamos un semitono, o una nota: Sib – Lab - Solb – Fa – Mib – Reb – Do.
- Y por último posicionados en Do, bajamos un tono, o 2 semitonos, o 2 notas: Sib – Lab - Solb – Fa – Mib – Reb – Do – Sib.
- La escala de Sib menor melódica es: **Subiendo:** Sib – Do – Reb – Mib – Fa – Sol – La – Sib. **Bajando:** Sib – Lab - Solb – Fa – Mib – Reb – Do – Sib.

ESCALA MI BEMOL MENOR MELÓDICA

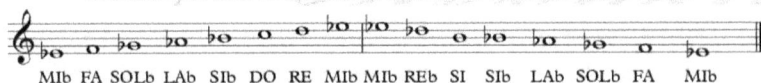

MIb FA SOLb LAb SIb DO RE MIb MIb REb SI SIb LAb SOLb FA   MIb

La escala de MI BEMOL MENOR MELÓDICA en cifrado americano es: Eb – F– Gb – Ab – Bb - C - D - Eb / Eb – Db – B – Bb – Ab – Gb – F - Eb.
Regla escala menor melódica: **Subiendo:** *Tono – semitono – tono – tono – tono – tono – semitono.* **Bajando:** *Tono – tono – semitono – tono – tono – semitono – tono.*
Escala cromática: Do - Do# (Reb) – Re - Re# (Mib) – Mi – Fa - Fa# (Solb) – Sol - Sol# (Lab) – La - La# (Sib) – Si.

PASO A PASO:
1. Comenzamos colocando la nota Mib como base de la escala.
2. Luego corremos un tono, o 2 semitonos, o 2 notas: Mib – Fa.
3. Colocados en la nota Fa, subimos un semitono, o una nota: Mib – Fa – Solb.
4. Posicionados en Solb, subimos un tono, o 2 semitonos, o 2 notas: Mib – Fa – Solb – Lab.

5. Posicionados en Lab, subimos un tono, o 2 semitonos, o 2 notas: Mib – Fa – Solb – Lab – Sib.
6. Posicionados en Sib, subimos un tono, o 2 semitonos, o 2 notas: Mib – Fa – Solb – Lab – Sib – Do.
7. Posicionados en Do, subimos otro tono, o 2 semitonos, o 2 notas: Mib – Fa – Solb – Lab – Sib – Do – Re.
8. Y por último posicionados en Re, subimos un semitono, o una nota: Mib – Fa – Solb – Lab – Sib – Do – Re - Mib.

Ahora lo hacemos bajando: Iniciamos colocando la nota Mib, donde llegamos al subir.

- Colocados en Mib, bajamos un tono, o 2 semitonos, o 2 notas: Mib – Reb.
- Posicionados en Reb, bajamos un tono, o 2 semitonos, o 2 notas: Mib – Reb - Si.
- Posicionados en Si, bajamos un semitono, o una nota: Mib – Reb - Si – Sib.
- Posicionados en Sib, bajamos un tono, o 2 semitonos, o 2 notas: Mib – Reb - Si – Sib – Lab.
- Posicionados en Lab, bajamos un tono, o 2 semitonos, o 2 notas: Mib – Reb - Si – Sib – Lab – Solb.
- Posicionados en Solb, bajamos un semitono, o una nota: Mib – Reb - Si – Sib – Lab – Solb – Fa.
- Y por último posicionados en Fa, bajamos un tono, o 2 semitonos, o 2 notas: Mib – Reb - Si – Sib – Lab – Solb – Fa – Mib.
- La escala de Mib menor melódica es: **Subiendo:** Mib – Fa – Solb – Lab – Sib – Do – Re – Mib. **Bajando:** Mib – Reb - Si – Sib – Lab – Solb – Fa – Mib.

ESCALA LA BEMOL MENOR MELÓDICA

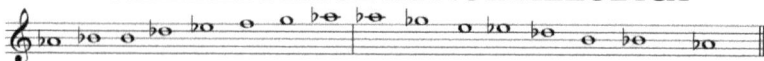

LAb SIb SI REb MIb FA SOL LAb   LAb SOLb MI MIb REb SI   SIb   LAb

La escala de LA BEMOL MENOR MELÓDICA en cifrado americano es:
Ab – Bb – B – Db – Eb - F – G – Ab / Ab – Gb – E – Eb – Db – B –
Bb – Ab.
Regla escala menor melódica: **Subiendo:** *Tono – semitono – tono – tono – tono – tono – semitono.* **Bajando:** *Tono – tono – semitono – tono – tono – semitono – tono.*
Escala cromática: Do – Do# (Reb) – Re – Re# (Mib) – Mi – Fa – Fa# (Solb) – Sol – Sol# (Lab) – La – La# (Sib) – Si.

PASO A PASO:

1. Comenzamos colocando la nota Lab como base de la escala.
2. Luego corremos un tono, o 2 semitonos, o 2 notas: Lab – Sib.
3. Colocados en la nota Sib, subimos un semitono, o una nota: Lab – Sib – Si.
4. Posicionados en Si, subimos un tono, o 2 semitonos, o 2 notas: Lab – Sib – Si – Reb.
5. Posicionados en Reb, subimos un tono, o 2 semitonos, o 2 notas: Lab – Sib – Si – Reb – Mib.
6. Posicionados en Mib, subimos un tono, o 2 semitonos, o 2 notas: Lab – Sib – Si – Reb – Mib – Fa.
7. Posicionados en Fa, subimos otro tono, o 2 semitonos, o 2 notas: Lab – Sib – Si – Reb – Mib – Fa – Sol.
8. Y por último posicionados en Sol, subimos un semitono, o una nota: Lab – Sib – Si – Reb – Mib – Fa – Sol - Lab.

Ahora lo hacemos bajando: Iniciamos colocando la nota Lab, donde llegamos al subir.

- Colocados en Lab, bajamos un tono, o 2 semitonos, o 2 notas: Lab – Solb.
- Posicionados en Solb, bajamos un tono, o 2 semitonos, o 2 notas: Lab – Solb - Mi.
- Posicionados en Mi, bajamos un semitono, o una nota: Lab – Solb - Mi – Mib.
- Posicionados en Mib, bajamos un tono, o 2 semitonos, o 2 notas: Lab – Solb - Mi – Mib – Reb.

- Posicionados en Reb, bajamos un tono, o 2 semitonos, o 2 notas: Lab – Solb - Mi – Mib – Reb – Si.

- Posicionados en Si, bajamos un semitono, o una nota: Lab – Solb - Mi – Mib – Reb – Si – Sib.

- Y por último posicionados en Sib, bajamos un tono, o 2 semitonos, o 2 notas: Lab – Solb - Mi – Mib – Reb – Si – Sib – Lab.

- La escala de Lab menor melódica es: **Subiendo:** Lab – Sib – Si – Reb – Mib – Fa – Sol – Lab. **Bajando:** Lab – Solb - Mi – Mib – Reb – Si – Sib – Lab.

ESCALA DO SOSTENIDO MENOR MELÓDICA

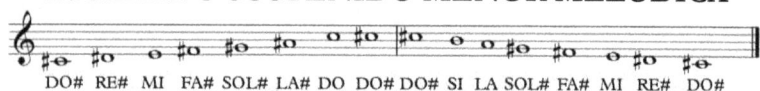

DO# RE# MI FA# SOL# LA# DO DO# DO# SI LA SOL# FA# MI RE# DO#

La escala de DO# MENOR MELÓDICA en cifrado americano es: C# – D# – E – F# – G# - A# - C – C# / C# – B – A – G# – F# – E – D# - C#.

Regla escala menor melódica: **Subiendo:** *Tono – semitono – tono – tono – tono – tono – semitono.* **Bajando:** *Tono – tono – semitono – tono – tono – semitono – tono.*

Escala cromática: Do - Do# (Reb) – Re - Re# (Mib) – Mi – Fa - Fa# (Solb) – Sol - Sol# (Lab) – La - La# (Sib) – Si.

PASO A PASO:
1. Comenzamos colocando la nota Do# como base de la escala.
2. Luego corremos un tono, o 2 semitonos, o 2 notas: Do# – Re#.
3. Colocados en la nota Re#, subimos un semitono, o una nota: Do# – Re# - Mi.
4. Posicionados en Mi, subimos un tono, o 2 semitonos, o 2 notas: Do# – Re# - Mi – Fa#.
5. Posicionados en Fa#, subimos un tono, o 2 semitonos, o 2 notas: Do# – Re# - Mi – Fa# – Sol#.
6. Posicionados en Sol#, subimos un tono, o 2 semitonos, o 2 notas: Do# – Re# - Mi – Fa# – Sol# – La#.

7. Posicionados en La#, subimos otro tono, o 2 semitonos, o 2 notas: Do# – Re# - Mi – Fa# – Sol# – La# - Do.

8. Y por último posicionados en Do, subimos un semitono, o una nota: Do# – Re# - Mi – Fa# – Sol# – La# - Do – Do#.

Ahora lo hacemos bajando: Iniciamos colocando la nota Do#, donde llegamos al subir.

- Colocados en Do#, bajamos un tono, o 2 semitonos, o 2 notas: Do# – Si.

- Posicionados en Si, bajamos un tono, o 2 semitonos, o 2 notas: Do# – Si – La.

- Posicionados en La, bajamos un semitono, o una nota: Do# – Si - La – Sol#.

- Posicionados en Sol#, bajamos un tono, o 2 semitonos, o 2 notas: Do# – Si - La – Sol# – Fa#.

- Posicionados en Fa#, bajamos un tono, o 2 semitonos, o 2 notas: Do# – Si - La – Sol# – Fa# – Mi.

- Posicionados en Mi, bajamos un semitono, o una nota: Do# – Si - La – Sol# – Fa# – Mi – Re#.

- Y por último posicionados en Re#, bajamos un tono, o 2 semitonos, o 2 notas: Do# – Si - La – Sol# – Fa# – Mi – Re# – Do#.

- La escala de Do# menor melódica es: **Subiendo:** Do# – Re# - Mi – Fa# – Sol# – La# - Do – Do#. **Bajando:** Do# – Si - La – Sol# – Fa# – Mi – Re# – Do#.

ESCALA FA SOSTENIDO MENOR MELÓDICA

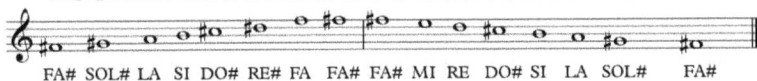

FA# SOL# LA SI DO# RE# FA FA# FA# MI RE DO# SI LA SOL# FA#

La escala de FA# MENOR MELÓDICA en cifrado americano es: F# – G# – A – B – C# - D# - F – F# / F# – E – D – C# – B – A – G# - F#.

Regla escala menor melódica: **Subiendo:** *Tono – semitono – tono – tono – tono – tono – semitono.* **Bajando:** *Tono – tono – semitono – tono – tono – semitono – tono.*

Escala cromática: Do - Do♯ (Reb) – Re - Re♯ (Mib) – Mi – Fa - Fa♯ (Solb) – Sol - Sol♯ (Lab) – La - La♯ (Sib) – Si.

PASO A PASO:

1. Comenzamos colocando la nota Fa♯ como base de la escala.
2. Luego corremos un tono, o 2 semitonos, o 2 notas: Fa♯ – Sol♯.
3. Colocados en la nota Sol♯, subimos un semitono, o una nota: Fa♯ – Sol♯ - La.
4. Posicionados en La, subimos un tono, o 2 semitonos, o 2 notas: Fa♯ – Sol♯ - La – Si.
5. Posicionados en Si, subimos un tono, o 2 semitonos, o 2 notas: Fa♯ – Sol♯ - La – Si – Do♯.
6. Posicionados en Do♯, subimos un tono, o 2 semitonos, o 2 notas: Fa♯ – Sol♯ - La – Si – Do♯ – Re♯.
7. Posicionados en Re♯, subimos otro tono, o 2 semitonos, o 2 notas: Fa♯ – Sol♯ - La – Si – Do♯ – Re♯ - Fa.
8. Y por último posicionados en Fa, subimos un semitono, o una nota: Fa♯ – Sol♯ - La – Si – Do♯ – Re♯ - Fa – Fa♯.

Ahora lo hacemos bajando: Iniciamos colocando la nota Fa♯, donde llegamos al subir.

- Colocados en Fa♯, bajamos un tono, o 2 semitonos, o 2 notas: Fa♯ – Mi.
- Posicionados en Mi, bajamos un tono, o 2 semitonos, o 2 notas: Fa♯ – Mi – Re.
- Posicionados en Re, bajamos un semitono, o una nota: Fa♯ – Mi - Re – Do♯.
- Posicionados en Do♯, bajamos un tono, o 2 semitonos, o 2 notas: Fa♯ – Mi - Re – Do♯ – Si.
- Posicionados en Si, bajamos un tono, o 2 semitonos, o 2 notas: Fa♯ – Mi - Re – Do♯ – Si – La.

- Posicionados en La, bajamos un semitono, o una nota: Fa# – Mi - Re – Do# – Si – La – Sol#.
- Y por último posicionados en Sol#, bajamos un tono, o 2 semitonos, o 2 notas: Fa# – Mi - Re – Do# – Si – La – Sol# – Fa#.
- La escala de Fa# menor melódica es: **Subiendo:** Fa# – Sol# - La – Si – Do# – Re# - Fa – Fa#. **Bajando:** Fa# – Mi - Re – Do# – Si – La – Sol# – Fa#.

ESCALA SI MENOR MELÓDICA

SI   DO#   RE   MI   FA#   SOL#   LA#   SI   SI   LA   SOL   FA#   MI   RE   DO#   SI

La escala de SI MENOR MELÓDICA en cifrado americano es: B - C# – D – E – F# - G# - A# – B / B – A – G – F# – E – D – C# - B.
Regla escala menor melódica: **Subiendo:** *Tono – semitono – tono – tono – tono – tono – semitono.* **Bajando:** *Tono – tono – semitono – tono – tono – semitono – tono.*
Escala cromática: Do - Do# (Reb) – Re - Re# (Mib) – Mi – Fa - Fa# (Solb) – Sol - Sol# (Lab) – La - La# (Sib) – Si.

PASO A PASO:
1. Comenzamos colocando la nota Si como base de la escala.
2. Luego corremos un tono, o 2 semitonos, o 2 notas: Si – Do#.
3. Colocados en la nota Do#, subimos un semitono, o una nota: Si – Do# - Re.
4. Posicionados en Re, subimos un tono, o 2 semitonos, o 2 notas: Si – Do# - Re – Mi.
5. Posicionados en Mi, subimos un tono, o 2 semitonos, o 2 notas: Si – Do# - Re – Mi – Fa#.
6. Posicionados en Fa#, subimos un tono, o 2 semitonos, o 2 notas: Si – Do# - Re – Mi – Fa# – Sol#.
7. Posicionados en Sol#, subimos otro tono, o 2 semitonos, o 2 notas: Si – Do# - Re – Mi – Fa# – Sol# - La#.

8. Y por último posicionados en La♯, subimos un semitono, o una nota: Si – Do♯ - Re – Mi – Fa♯ – Sol# - La♯ – Si.

Ahora lo hacemos bajando: Iniciamos colocando la nota Si, donde llegamos al subir.

- Colocados en Si, bajamos un tono, o 2 semitonos, o 2 notas: Si – La.
- Posicionados en La, bajamos un tono, o 2 semitonos, o 2 notas: Si – La – Sol.
- Posicionados en Sol, bajamos un semitono, o una nota: Si – La - Sol – Fa♯.
- Posicionados en Fa♯, bajamos un tono, o 2 semitonos, o 2 notas: Si – La - Sol – Fa♯ – Mi.
- Posicionados en Mi, bajamos un tono, o 2 semitonos, o 2 notas: Si – La - Sol – Fa♯ – Mi – Re.
- Posicionados en Re, bajamos un semitono, o una nota: Si – La - Sol – Fa♯ – Mi – Re – Do♯.
- Y por último posicionados en Do♯, bajamos un tono, o 2 semitonos, o 2 notas: Si – La - Sol – Fa♯ – Mi – Re – Do♯ – Si.
- La escala de Si menor melódica es: **Subiendo:** Si – Do♯ - Re – Mi – Fa♯ – Sol♯ - La♯ – Si. **Bajando:** Si – La - Sol – Fa♯ – Mi – Re – Do♯ – Si.

ESCALA MI MENOR MELÓDICA

MI FA# SOL LA SI DO# RE# MI   MI RE DO SI LA SOL FA#   MI

La escala de MI MENOR MELÓDICA en cifrado americano es: E - F♯– G – A – B - C♯- D♯– E / E – D – C – B – A – G – F♯- E.
Regla escala menor melódica: **Subiendo:** *Tono – semitono – tono – tono – tono – tono – semitono.* **Bajando:** *Tono – tono – semitono – tono – tono – semitono – tono.*
Escala cromática: Do - Do♯ (Reb) – Re - Re♯ (Mib) – Mi – Fa - Fa♯ (Solb) – Sol - Sol♯ (Lab) – La - La♯ (Sib) – Si.

PASO A PASO:

1. Comenzamos colocando la nota Mi como base de la escala.
2. Luego corremos un tono, o 2 semitonos, o 2 notas: Mi – Fa♯.
3. Colocados en la nota Fa♯, subimos un semitono, o una nota: Mi – Fa♯ - Sol.
4. Posicionados en Sol, subimos un tono, o 2 semitonos, o 2 notas: Mi – Fa♯ - Sol – La.
5. Posicionados en La, subimos un tono, o 2 semitonos, o 2 notas: Mi – Fa♯ - Sol – La – Si.
6. Posicionados en Si, subimos un tono, o 2 semitonos, o 2 notas: Mi – Fa♯ - Sol – La – Si – Do♯.
7. Posicionados en Do♯, subimos otro tono, o 2 semitonos, o 2 notas: Mi – Fa♯ - Sol – La – Si – Do♯ - Re♯.
8. Y por último posicionados en Re♯, subimos un semitono, o una nota: Mi – Fa♯ - Sol – La – Si – Do♯ - Re♯ - Mi.

Ahora lo hacemos bajando: Iniciamos colocando la nota Mi, donde llegamos al subir.

- Colocados en Mi, bajamos un tono, o 2 semitonos, o 2 notas: Mi – Re.
- Posicionados en Re, bajamos un tono, o 2 semitonos, o 2 notas: Mi – Re – Do.
- Posicionados en Do, bajamos un semitono, o una nota: Mi – Re - Do – Si.
- Posicionados en Si, bajamos un tono, o 2 semitonos, o 2 notas: Mi – Re - Do – Si – La.
- Posicionados en La, bajamos un tono, o 2 semitonos, o 2 notas: Mi – Re - Do – Si – La – Sol.
- Posicionados en Sol, bajamos un semitono, o una nota: Mi – Re - Do – Si – La – Sol – Fa♯.
- Y por último posicionados en Fa♯, bajamos un tono, o 2 semitonos, o 2 notas: Mi – Re - Do – Si – La – Sol – Fa♯ – Mi.
- La escala de Mi menor melódica es: **Subiendo:** Mi – Fa♯ - Sol – La – Si – Do♯ - Re♯ - Mi. **Bajando:** Mi – Re - Do – Si – La – Sol – Fa♯ – Mi.

LOS ACORDES BÁSICOS

El acorde es un grupo de notas tocadas a la misma vez. Hay varios tipos de acordes, están formados por tres, cuatro, o más notas. Los acordes son la base de la armonía de cualquier género musical, sea rock, pop, latino etc. Ejemplo:

Acorde con 3 notas

Acorde con 4 notas

Estudiando los acordes podemos usarlos, aplicados a arreglos de canciones; es por eso que es necesario identificarlos, saber cómo funcionan, saber las distintas maneras de tocarlos y también saber cómo se combinan. Hay instrumentos musicales en los que no podemos tocar un acorde simultáneamente, sino que debemos arpegiar, es decir tocarlos uno tras otro de manera más o menos rápida. Algunos de los instrumentos musicales en los que puedes tocar un acorde simultáneamente es el piano, la guitarra etc. y otros en los que puedes arpegiar son el saxofón, el clarinete, el violín etc.

Los acordes son muy útiles para crear canciones, porque sobre ellos podemos inventar muchas melodías diferentes, que se pueden cantar o tocar en la orquesta.

LAS TRIADAS

Son acordes que se forman con 3 notas. Las triadas se componen de una nota fundamental una 3ª y una 5ª; dado que existen diferentes tipos de 3ª y 5ª, también hay diferentes clases de triadas. Se conocen 4 tipos de triadas: Triada mayor, triada menor, triada aumentada, triada disminuida.

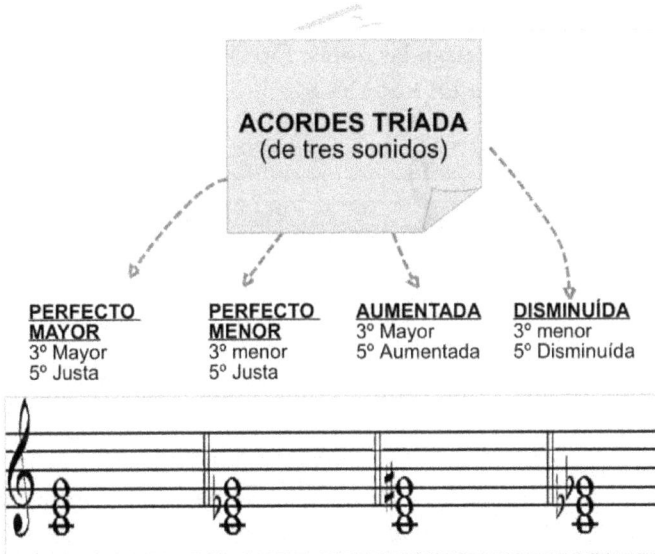

ACORDES TRÍADA
(de tres sonidos)

PERFECTO MAYOR	PERFECTO MENOR	AUMENTADA	DISMINUÍDA
3° Mayor	3° menor	3° Mayor	3° menor
5° Justa	5° Justa	5° Aumentada	5° Disminuída

- La triada mayor está formada por la 3ª mayor y la 5ª justa.
- La triada menor está formada por la 3ª menor y la 5ª justa.
- La triada aumentada está formada por la 3ª mayor y la 5ª aumentada.
- La triada disminuida está formada por la 3ª menor y la 5ª disminuida.

LA TRIADA MAYOR

La triada mayor se compone de la fundamental, una 3ª mayor y una 5ª justa. En el tono DO se usan las notas: Do, Mi y Sol. Esta combinación de notas se le denomina DO MAYOR.

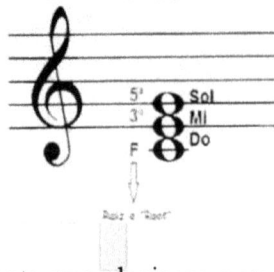

La fundamental es la nota que elegimos para formar nuestro acorde, en este caso sería DO. La 3ª es la nota que hace la diferencia entre la triada mayor y la triada menor; la 5ª se llama justa porque no tiene variación entre el acorde mayor y el menor. Podemos describir las triadas mayores como acordes alegres y brillantes. Estos se combinan con las triadas menores, triadas aumentadas y triadas disminuidas para formar las canciones; pero también podemos formar canciones solo con triadas mayores.

El cifrado para los acordes mayores es el siguiente. Ejemplo: A (La mayor, D (Re mayor), Gb (Sol bemol mayor), C♯ (Do sostenido mayor).

INVERSIÓN DE ACORDES

Existen 2 maneras diferentes de formar una triada mayor, aparte de la posición fundamental. Donde cada nota que forma el acorde pasa a ocupar una posición diferente, pero al digitarlo nos da el mismo sonido:

Do Mayor

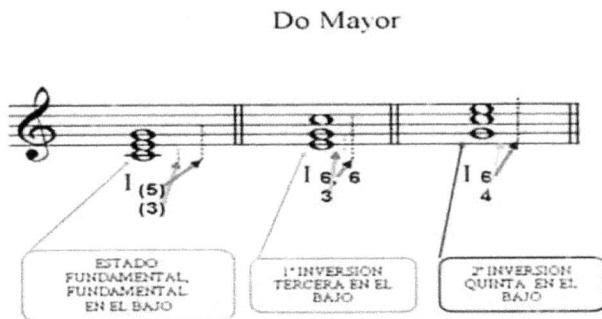

Fundamental (DO – MI – SOL), primera inversión (MI – SOL – DO), segunda inversión (SOL – DO – MI). Cualquiera de estas tres formas, es Do mayor.

Hay varios métodos para encontrar una triada mayor, pero el más sencillo es utilizando la escala mayor del acorde que vayamos a encontrar. (VER: 8 pasos para construir una escala mayor). Luego encontrada la triada mayor, podemos proceder a realizar la primera inversión y segunda inversión.

Construyamos paso a paso las triadas mayores, teniendo en cuenta los siguientes elementos: La escala mayor de la nota fundamental que vamos a realizar. Aplicar la regla general de las triadas mayores. Hacer la primera inversión. Luego hacer la segunda inversión.

ACORDE DO MAYOR

El acorde de DO MAYOR en cifrado americano es: C – E – G.
La escala de DO mayor es: Do - Re – Mi – Fa – Sol – La – Si – Do.
Reglas triadas mayores: Fundamental + 3ª mayor + 5ª justa.

PASO A PASO:
1. Colocamos la 1ª nota o fundamental: DO.

2. Luego escogemos la 3ª nota de la escala: MI.
3. Ubicamos la 5ª nota de la escala: SOL.

El acorde de DO MAYOR ES: DO – MI – SOL.

Ahora que encontramos las notas que hacen parte de DO MAYOR, proseguimos a realizar las inversiones:
4. Comenzamos con la 3ª nota de la escala: MI.
5. Empleamos la 5ª nota de la escala: SOL.
6. Ponemos la 1ª nota o fundamental: DO.

La 1ª inversión de DO MAYOR ES: MI – SOL – DO.

Realizada la 1ª inversión, terminamos encontrando la 2ª inversión:
7. Fijamos la 5ª nota de la escala: SOL.
8. Situamos la 1ª nota o fundamental: DO.
9. Por último, aplicamos la 3ª nota de la escala: MI.

La 2ª inversión de DO MAYOR ES: SOL – DO – MI.

En el pentagrama la triada o acorde de DO MAYOR, se representa así:

Fundamental

1ª Inversión   2ª Inversión

ACORDE SOL MAYOR

El acorde de SOL MAYOR en cifrado americano es: G – B – D.
La escala de SOL mayor es: Sol - La – Si – Do – Re – Mi – Fa# - Sol. Reglas triadas mayores: Fundamental + 3ª mayor + 5ª justa.

PASO A PASO:
1. Colocamos la 1ª nota o fundamental: SOL.
2. Luego escogemos la 3ª nota de la escala: SI.

3. Ubicamos la 5ª nota de la escala: RE.

El acorde de SOL MAYOR ES: SOL – SI – RE.

Ahora que encontramos las notas que hacen parte de SOL MAYOR, proseguimos a realizar las inversiones:

4. Comenzamos con la 3ª nota de la escala: SI.
5. Empleamos la 5ª nota de la escala: RE.
6. Ponemos la 1ª nota o fundamental: SOL.

La 1ª inversión de SOL MAYOR ES: SI – RE – SOL.

Realizada la 1ª inversión, terminamos encontrando la 2ª inversión:

7. Fijamos la 5ª nota de la escala: RE.
8. Situamos la 1ª nota o fundamental: SOL.
9. Por último, aplicamos la 3ª nota de la escala: SI.

La 2ª inversión de SOL MAYOR ES: RE – SOL – SI.

En el pentagrama la triada o acorde de SOL MAYOR, se representa así:

Fundamental

1ª Inversión   2ª Inversión

ACORDE RE MAYOR

El acorde de RE MAYOR en cifrado americano es: D – F# - A.

La escala de RE mayor es: Re – Mi – Fa# - Sol – La – Si – Do# - Re.

Reglas triadas mayores: Fundamental + 3ª mayor + 5ª justa.

PASO A PASO:

1. Colocamos la 1ª nota o fundamental: RE.
2. Luego escogemos la 3ª nota de la escala: FA#.
3. Ubicamos la 5ª nota de la escala: LA.

El acorde de RE MAYOR ES: RE – FA♯ – LA.

Ahora que encontramos las notas que hacen parte de RE MAYOR, proseguimos a realizar las inversiones:

4. Comenzamos con la 3ª nota de la escala: FA♯.
5. Empleamos la 5ª nota de la escala: LA.
6. Ponemos la 1ª nota o fundamental: RE.

La 1ª inversión de RE MAYOR ES: FA♯ – LA – RE.

Realizada la 1ª inversión, terminamos encontrando la 2ª inversión:

7. Fijamos la 5ª nota de la escala: LA.
8. Situamos la 1ª nota o fundamental: RE.
9. Por último, aplicamos la 3ª nota de la escala: FA♯.

La 2ª inversión de RE MAYOR ES: LA – RE – FA♯.

En el pentagrama la triada o acorde de RE MAYOR, se representa así:

Fundamental

1ª Inversión

2ª Inversión

ACORDE LA MAYOR

El acorde de LA MAYOR en cifrado americano es: A – C♯ - E.
La escala de LA mayor es: La – Si – Do♯ - Re – Mi – Fa♯ - Sol♯ - La.
Reglas triadas mayores: Fundamental + 3ª mayor + 5ª justa.

PASO A PASO:

1. Colocamos la 1ª nota o fundamental: LA.
2. Luego escogemos la 3ª nota de la escala: DO♯.
3. Ubicamos la 5ª nota de la escala: MI.

El acorde de LA MAYOR ES: LA – DO♯ – MI.

Ahora que encontramos las notas que hacen parte de LA MAYOR, proseguimos a realizar las inversiones:

4. Comenzamos con la 3ª nota de la escala: DO♯.
5. Empleamos la 5ª nota de la escala: MI.
6. Ponemos la 1ª nota o fundamental: LA.

La 1ª inversión de LA MAYOR ES: DO♯ – MI – LA.

Realizada la 1ª inversión, terminamos encontrando la 2ª inversión:

7. Fijamos la 5ª nota de la escala: MI.
8. Situamos la 1ª nota o fundamental: LA.
9. Por último, aplicamos la 3ª nota de la escala: DO♯.

La 2ª inversión de LA MAYOR ES: MI – LA – DO♯.

En el pentagrama la triada o acorde de LA MAYOR, se representa así:

Fundamental

1ª Inversión   2ª Inversión

ACORDE MI MAYOR

El acorde de MI MAYOR en cifrado americano es: E – G♯ - B.
La escala de MI mayor es: Mi – Fa♯ – Sol♯ - La - Si – Do♯ - Re♯ - Mi.
Reglas triadas mayores: Fundamental + 3ª mayor + 5ª justa.

PASO A PASO:

1. Colocamos la 1ª nota o fundamental: MI.
2. Luego escogemos la 3ª nota de la escala: SOL♯.
3. Ubicamos la 5ª nota de la escala: SI.

El acorde de MI MAYOR ES: MI – SOL♯ – SI.

Ahora que encontramos las notas que hacen parte de MI MAYOR, proseguimos a realizar las inversiones:

4. Comenzamos con la 3ª nota de la escala: SOL#.
5. Empleamos la 5ª nota de la escala: SI.
6. Ponemos la 1ª nota o fundamental: MI.

La 1ª inversión de MI MAYOR ES: SOL# – SI – MI.

Realizada la 1ª inversión, terminamos encontrando la 2ª inversión:

7. Fijamos la 5ª nota de la escala: SI.
8. Situamos la 1ª nota o fundamental: MI.
9. Por último, aplicamos la 3ª nota de la escala: SOL#.

La 2ª inversión de MI MAYOR ES: SI – MI – SOL#.

En el pentagrama la triada o acorde de MI MAYOR, se representa así:

Fundamental

1ª Inversión   2ª Inversión

ACORDE SI MAYOR

El acorde de SI MAYOR en cifrado americano es: B – D# - F#.
La escala de SI mayor es: Si – Do# - Re# - Mi – Fa# - Sol# - La# - Si.
Reglas triadas mayores: Fundamental + 3ª mayor + 5ª justa.

PASO A PASO:

1. Colocamos la 1ª nota o fundamental: SI.
2. Luego escogemos la 3ª nota de la escala: RE#.
3. Ubicamos la 5ª nota de la escala: FA#.

El acorde de SI MAYOR ES: SI – RE# – FA#.

Ahora que encontramos las notas que hacen parte de SI MAYOR, proseguimos a realizar las inversiones:

4. Comenzamos con la 3ª nota de la escala: RE♯.
5. Empleamos la 5ª nota de la escala: FA♯.
6. Ponemos la 1ª nota o fundamental: SI.

La 1ª inversión de SI MAYOR ES: RE♯ – FA♯ - SI.

Realizada la 1ª inversión, terminamos encontrando la 2ª inversión:
7. Fijamos la 5ª nota de la escala: FA♯.
8. Situamos la 1ª nota o fundamental: SI.
9. Por último, aplicamos la 3ª nota de la escala: RE♯.

La 2ª inversión de SI MAYOR ES: FA♯ – SI – RE♯.

En el pentagrama la triada o acorde de SI MAYOR, se representa así:

Fundamental

1ª Inversión   2ª Inversión

ACORDE FA SOSTENIDO MAYOR

El acorde de FA♯ MAYOR en cifrado americano es: F♯ – A♯ - C♯.
La escala de FA♯ mayor es: Fa♯ – Sol♯ - La♯ - Si – Do♯ - Re♯ - Fa – Fa♯.
Reglas triadas mayores: Fundamental + 3ª mayor + 5ª justa.

PASO A PASO:
1. Colocamos la 1ª nota o fundamental: FA♯.
2. Luego escogemos la 3ª nota de la escala: LA♯.
3. Ubicamos la 5ª nota de la escala: DO♯.

El acorde de FA♯ MAYOR ES: FA♯ – LA♯ – DO♯.

Ahora que encontramos las notas que hacen parte de FA♯ MAYOR, proseguimos a realizar las inversiones:

4. Comenzamos con la 3ª nota de la escala: LA♯.
5. Empleamos la 5ª nota de la escala: DO♯.
6. Ponemos la 1ª nota o fundamental: FA♯.

La 1ª inversión de FA♯ MAYOR ES: LA♯ – DO♯ - FA♯.

Realizada la 1ª inversión, terminamos encontrando la 2ª inversión:
7. Fijamos la 5ª nota de la escala: DO♯.
8. Situamos la 1ª nota o fundamental: FA♯.
9. Por último, aplicamos la 3ª nota de la escala: LA♯.

La 2ª inversión de FA♯ MAYOR ES: DO♯ – FA♯ – LA♯.

En el pentagrama la triada o acorde de FA♯ MAYOR, se representa así:

Fundamental

1ª Inversión   2ª Inversión

ACORDE RE BEMOL MAYOR

El acorde de REb MAYOR en cifrado americano es: Db – F - Ab.
La escala de REb mayor es: Reb – Mib – Fa – Solb – Lab – Sib – Do – Reb.
Reglas triadas mayores: Fundamental + 3ª mayor + 5ª justa.

PASO A PASO:
1. Colocamos la 1ª nota o fundamental: Reb.
2. Luego escogemos la 3ª nota de la escala: FA.
3. Ubicamos la 5ª nota de la escala: Lab.

El acorde de RE BEMOL ES: REb – FA – LAb.

Ahora que encontramos las notas que hacen parte de RE BEMOL, proseguimos a realizar las inversiones:

4. Comenzamos con la 3ª nota de la escala: FA.

5. Empleamos la 5ª nota de la escala: LAb.

6. Ponemos la 1ª nota o fundamental: REb.

La 1ª inversión de RE BEMOL ES: FA – LAb - REb.

Realizada la 1ª inversión, terminamos encontrando la 2ª inversión:

7. Fijamos la 5ª nota de la escala: LAb.

8. Situamos la 1ª nota o fundamental: REb.

9. Por último, aplicamos la 3ª nota de la escala: FA.

La 2ª inversión de RE BEMOL ES: LAb – REb – FA.

En el pentagrama la triada o acorde de RE BEMOL, se representa así:

Fundamental

1ª Inversión   2ª Inversión

ACORDE LA BEMOL MAYOR

El acorde de LAb MAYOR en cifrado americano es: Ab – C - Eb.
La escala de LAb mayor es: Lab – Sib – Do – Reb – Mib – Fa – Sol – Lab.
Reglas triadas mayores: Fundamental + 3ª mayor + 5ª justa.

PASO A PASO:

1. Colocamos la 1ª nota o fundamental: LAb.

2. Luego escogemos la 3ª nota de la escala: DO.

3. Ubicamos la 5ª nota de la escala: Mib.

El acorde de LAb MAYOR ES: LAb – DO – MIb.

Ahora que encontramos las notas que hacen parte de LAb MAYOR, proseguimos a realizar las inversiones:

4. Comenzamos con la 3ª nota de la escala: DO.

5. Empleamos la 5ª nota de la escala: Mib.

6. Ponemos la 1ª nota o fundamental: LAb.

La 1ª inversión de LAb MAYOR ES: DO – MIb - LAb.

Realizada la 1ª inversión, terminamos encontrando la 2ª inversión:

7. Fijamos la 5ª nota de la escala: Mib.

8. Situamos la 1ª nota o fundamental: LAb.

9. Por último, aplicamos la 3ª nota de la escala: DO.

La 2ª inversión de LAb MAYOR ES: MIb - LAb – DO.

En el pentagrama la triada o acorde de LAb MAYOR, se representa así:

Fundamental

1ª Inversión   2ª Inversión

ACORDE MI BEMOL MAYOR

El acorde de MIb MAYOR en cifrado americano es: Eb – G - Bb.

La escala de MIb mayor es: Mib – Fa – Sol – Lab – Sib – Do – Re – Mib.

Reglas triadas mayores: Fundamental + 3ª mayor + 5ª justa.

PASO A PASO:

1. Colocamos la 1ª nota o fundamental: Mib.

2. Luego escogemos la 3ª nota de la escala: SOL.

3. Ubicamos la 5ª nota de la escala: SIb.

El acorde de MIb MAYOR ES: MIb – SOL – SIb.

Ahora que encontramos las notas que hacen parte de MIb MAYOR, proseguimos a realizar las inversiones:

4. Comenzamos con la 3ª nota de la escala: SOL.

5. Empleamos la 5ª nota de la escala: SIb.

6. Ponemos la 1ª nota o fundamental: Mib.

La 1ª inversión de MIb MAYOR ES: SOL – SIb - MIb.

Realizada la 1ª inversión, terminamos encontrando la 2ª inversión:

7. Fijamos la 5ª nota de la escala: SIb.

8. Situamos la 1ª nota o fundamental: Mib.

9. Por último, aplicamos la 3ª nota de la escala: SOL.

La 2ª inversión de MIb MAYOR ES: SIb - MIb – SOL.

En el pentagrama la triada o acorde de MIb MAYOR, se representa así:

Fundamental

1ª Inversión   2ª Inversión

ACORDE SI BEMOL MAYOR

El acorde de SIb MAYOR en cifrado americano es: Bb – D – F.

La escala de SIb mayor es: Sib – Do – Re – Mib – Fa – Sol – La – Sib. Reglas triadas mayores: Fundamental + 3ª mayor + 5ª justa.

PASO A PASO:

1. Colocamos la 1ª nota o fundamental: SIb.
2. Luego escogemos la 3ª nota de la escala: RE.
3. Ubicamos la 5ª nota de la escala: FA.

El acorde de SIb MAYOR ES: SIb – RE – FA.

Ahora que encontramos las notas que hacen parte de SIb MAYOR, proseguimos a realizar las inversiones:
4. Comenzamos con la 3ª nota de la escala: RE.
5. Empleamos la 5ª nota de la escala: FA.
6. Ponemos la 1ª nota o fundamental: SIb.

La 1ª inversión de SIb MAYOR ES: RE – FA – SIb.

Realizada la 1ª inversión, terminamos encontrando la 2ª inversión:
7. Fijamos la 5ª nota de la escala: FA.
8. Situamos la 1ª nota o fundamental: SIb.
9. Por último, aplicamos la 3ª nota de la escala: RE.

La 2ª inversión de SIb MAYOR ES: FA - SIb – RE.

En el pentagrama la triada o acorde de SIb MAYOR, se representa así:

Fundamental

1ª Inversión   2ª Inversión

ACORDE FA MAYOR

El acorde de FA MAYOR en cifrado americano es: F – A – C.
La escala de FA mayor es: Fa – Sol – La – Sib - Do – Re – Mi – Fa.
Reglas triadas mayores: Fundamental + 3ª mayor + 5ª justa.

PASO A PASO:
1. Colocamos la 1ª nota o fundamental: FA.

2. Luego escogemos la 3ª nota de la escala: LA.
3. Ubicamos la 5ª nota de la escala: DO.

El acorde de FA MAYOR ES: FA – LA – DO.

Ahora que encontramos las notas que hacen parte de FA MAYOR, proseguimos a realizar las inversiones:
4. Comenzamos con la 3ª nota de la escala: LA.
5. Empleamos la 5ª nota de la escala: DO.
6. Ponemos la 1ª nota o fundamental: FA.

La 1ª inversión de FA MAYOR ES: LA – DO – FA.

Realizada la 1ª inversión, terminamos encontrando la 2ª inversión:
7. Fijamos la 5ª nota de la escala: DO.
8. Situamos la 1ª nota o fundamental: FA.
9. Por último, aplicamos la 3ª nota de la escala: LA.

La 2ª inversión de FA MAYOR ES: DO - FA – LA.

En el pentagrama la triada o acorde de FA MAYOR, se representa así:

Fundamental

1ª Inversión   2ª Inversión

LA TRIADA MENOR

La triada menor se compone de la fundamental, una 3ª menor y una 5ª justa. Se diferencia de la triada mayor en que la 3ª esta rebajada un semitono. A esta combinación de notas se le denomina DO MENOR.

Los acordes menores son muchos más tristes y oscuros en su sonido. Se combinan con los acordes mayores para crear diferentes climas; pero también podemos encontrar canciones que solo tengan acordes menores, aunque es más difícil.

La triada menor a diferencia de la triada mayor, se simboliza con una letra (m) minúscula al lado del nombre de la nota, aunque también se representa con otras abreviaturas ejemplo: F#m (Fa sostenido menor), Bmin (Si menor), D- (Re menor), Abm (La bemol menor).

Así como en las triadas mayores, existen varios métodos para encontrar una triada menor. Vamos a utilizar el mismo sistema que utilizamos en la triada mayor, para construir la triada menor; con la diferencia en que en esta ocasión utilizaremos la escala menor (VER: las 3 escalas menores) y la regla para encontrar una triada menor. Iniciemos encontrando la triada de LA MENOR, ya que esta no tiene sostenidos, ni bemoles. Y luego aplicamos la inversión de acordes.

ACORDE LA MENOR

El acorde de LA MENOR en cifrado americano es: A – C – E.
La escala de LA menor es: La – Si – Do – Re – Mi – Fa – Sol – La.
Reglas triadas mayores: Fundamental + 3ª menor + 5ª justa.

PASO A PASO:
1. Ponemos la 1ª nota o fundamental: LA.
2. Empleamos la 3ª nota de la escala: DO.
3. Aplicamos la 5ª nota de la escala: MI.
El acorde de LA MENOR ES: LA – DO – MI.

Ahora que encontramos las notas que hacen parte de LA MENOR, proseguimos a realizar las inversiones:
4. Empezamos con la 3ª nota de la escala: DO.
5. Utilizamos la 5ª nota de la escala: MI.
6. Ubicamos la 1ª nota o fundamental: LA.
La 1ª inversión de LA MENOR ES: DO – MI – LA.

Realizada la 1ª inversión, terminamos encontrando la 2ª inversión:
7. Establecemos la 5ª nota de la escala: MI.
8. Fijamos la 1ª nota o fundamental: LA.
9. Usamos la 3ª nota de la escala: DO.
La 2ª inversión de LA MENOR ES: MI - LA – DO.

El acorde de LA MENOR en el pentagrama:

Fundamental

1ª Inversión	2ª Inversión

ACORDE RE MENOR

El acorde de RE MENOR en cifrado americano es: D – F – A.
La escala de RE menor es: Re – Mi - Fa – Sol – La – Sib – Do – Re.
Reglas triadas mayores: Fundamental + 3ª menor + 5ª justa.

PASO A PASO:
1. Ponemos la 1ª nota o fundamental: RE.
2. Empleamos la 3ª nota de la escala: FA.
3. Aplicamos la 5ª nota de la escala: LA.
El acorde de RE MENOR ES: RE – FA – LA.

Ahora que encontramos las notas que hacen parte de RE MENOR, proseguimos a realizar las inversiones:
4. Empezamos con la 3ª nota de la escala: FA.
5. Utilizamos la 5ª nota de la escala: LA.
6. Ubicamos la 1ª nota o fundamental: RE.
La 1ª inversión de RE MENOR ES: FA – LA – RE.

Realizada la 1ª inversión, terminamos encontrando la 2ª inversión:
7. Establecemos la 5ª nota de la escala: LA.
8. Fijamos la 1ª nota o fundamental: RE.
9. Usamos la 3ª nota de la escala: FA.
La 2ª inversión de RE MENOR ES: LA - RE – FA.

El acorde de RE MENOR en el pentagrama:

Fundamental

1ª Inversión	2ª Inversión
	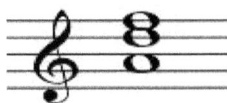

ACORDE SOL MENOR

El acorde de SOL MENOR en cifrado americano es: G – Bb – D.
La escala de SOL menor es: Sol – La – Sib – Do – Re – Mib – Fa – Sol.
Reglas triadas mayores: Fundamental + 3ª menor + 5ª justa.

PASO A PASO:
1. Ponemos la 1ª nota o fundamental: SOL.
2. Empleamos la 3ª nota de la escala: SIb.
3. Aplicamos la 5ª nota de la escala: RE.

El acorde de SOL MENOR ES: SOL – SIb – RE.

Ahora que encontramos las notas que hacen parte de SOL MENOR, proseguimos a realizar las inversiones:
4. Empezamos con la 3ª nota de la escala: SIb.
5. Utilizamos la 5ª nota de la escala: RE.
6. Ubicamos la 1ª nota o fundamental: SOL.

La 1ª inversión de SOL MENOR ES: SIb – RE – SOL.

Realizada la 1ª inversión, terminamos encontrando la 2ª inversión:
7. Establecemos la 5ª nota de la escala: RE.
8. Fijamos la 1ª nota o fundamental: SOL.
9. Usamos la 3ª nota de la escala: SIb.

La 2ª inversión de SOL MENOR ES: RE - SOL – SIb.

El acorde de SOL MENOR en el pentagrama:

Fundamental

1ª Inversión	2ª Inversión

ACORDE DO MENOR

El acorde de DO MENOR en cifrado americano es: C – Eb – G.
La escala de DO menor es: Do - Re – Mib – Fa – Sol – Lab – Sib – Do.
Reglas triadas mayores: Fundamental + 3ª menor + 5ª justa.

PASO A PASO:
1. Ponemos la 1ª nota o fundamental: DO.
2. Empleamos la 3ª nota de la escala: Mib.
3. Aplicamos la 5ª nota de la escala: SOL.

El acorde de DO MENOR ES: DO – MIb – SOL.

Ahora que encontramos las notas que hacen parte de DO MENOR, proseguimos a realizar las inversiones:
4. Empezamos con la 3ª nota de la escala: Mib.
5. Utilizamos la 5ª nota de la escala: SOL.
6. Ubicamos la 1ª nota o fundamental: DO.

La 1ª inversión de DO MENOR ES: MIb – SOL – DO.

Realizada la 1ª inversión, terminamos encontrando la 2ª inversión:
7. Establecemos la 5ª nota de la escala: SOL.
8. Fijamos la 1ª nota o fundamental: DO.
9. Usamos la 3ª nota de la escala: Mib.

La 2ª inversión de DO MENOR ES: SOL - DO – MIb.

El acorde de DO MENOR en el pentagrama:

Fundamental

1ª Inversión	2ª Inversión
	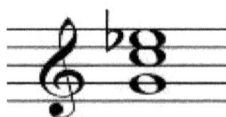

ACORDE FA MENOR

El acorde de FA MENOR en cifrado americano es: F – Ab – C.

La escala de FA menor es: Fa – Sol – Lab – Sib – Do – Reb – Mib – Fa.

Reglas triadas mayores: Fundamental + 3ª menor + 5ª justa.

PASO A PASO:
1. Ponemos la 1ª nota o fundamental: FA.
2. Empleamos la 3ª nota de la escala: LAb.
3. Aplicamos la 5ª nota de la escala: DO.

El acorde de FA MENOR ES: FA – LAb – DO.

Ahora que encontramos las notas que hacen parte de FA MENOR, proseguimos a realizar las inversiones:
4. Empezamos con la 3ª nota de la escala: LAb.
5. Utilizamos la 5ª nota de la escala: DO.
6. Ubicamos la 1ª nota o fundamental: FA.

La 1ª inversión de FA MENOR ES: LAb – DO – FA.

Realizada la 1ª inversión, terminamos encontrando la 2ª inversión:
7. Establecemos la 5ª nota de la escala: DO.
8. Fijamos la 1ª nota o fundamental: FA.
9. Usamos la 3ª nota de la escala: LAb.

La 2ª inversión de FA MENOR ES: DO - FA – LAb.

El acorde de FA MENOR en el pentagrama:

Fundamental

1ª Inversión	2ª Inversión

ACORDE SI BEMOL MENOR

El acorde de SIb MENOR en cifrado americano es: Bb – Db – F.
La escala de SIb menor es: Sib – Do – Reb – Mib – Fa – Solb – Lab – Sib.
Reglas triadas mayores: Fundamental + 3ª menor + 5ª justa.

PASO A PASO:
1. Ponemos la 1ª nota o fundamental: SIb.
2. Empleamos la 3ª nota de la escala: REb.
3. Aplicamos la 5ª nota de la escala: FA.

El acorde de SIb MENOR ES: SIb – REb – FA.

Ahora que encontramos las notas que hacen parte de SIb MENOR, proseguimos a realizar las inversiones:
4. Empezamos con la 3ª nota de la escala: REb.
5. Utilizamos la 5ª nota de la escala: FA.
6. Ubicamos la 1ª nota o fundamental: SIb.

La 1ª inversión de SIb MENOR ES: REb – FA – SIb.

Realizada la 1ª inversión, terminamos encontrando la 2ª inversión:
7. Establecemos la 5ª nota de la escala: FA.
8. Fijamos la 1ª nota o fundamental: SIb.
9. Usamos la 3ª nota de la escala: REb.

La 2ª inversión de SIb MENOR ES: FA - SIb – REb.

El acorde de SIb MENOR en el pentagrama:

Fundamental

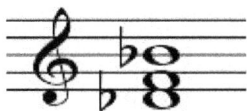   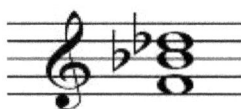

ACORDE MI BEMOL MENOR

El acorde de MIb MENOR en cifrado americano es: Eb – Gb - Bb.
La escala de MIb menor es: Mib – Fa – Solb – Lab – Sib – Si – Reb – Mib.
Reglas triadas mayores: Fundamental + 3ª menor + 5ª justa.

PASO A PASO:
1. Ponemos la 1ª nota o fundamental: Mib.
2. Empleamos la 3ª nota de la escala: SOLb.
3. Aplicamos la 5ª nota de la escala: SIb.

El acorde de MIb MENOR ES: MIb – SOLb – SIb.

Ahora que encontramos las notas que hacen parte de MIb MENOR, proseguimos a realizar las inversiones:
4. Empezamos con la 3ª nota de la escala: SOLb.
5. Utilizamos la 5ª nota de la escala: SIb.
6. Ubicamos la 1ª nota o fundamental: Mib.

La 1ª inversión de MIb MENOR ES: SOLb – SIb - MIb.

Realizada la 1ª inversión, terminamos encontrando la 2ª inversión:
7. Establecemos la 5ª nota de la escala: SIb.
8. Fijamos la 1ª nota o fundamental: Mib.
9. Usamos la 3ª nota de la escala: SOLb.

La 2ª inversión de MIb MENOR ES: SIb - MIb – SOLb.

El acorde de MIb MENOR en el pentagrama:

Fundamental

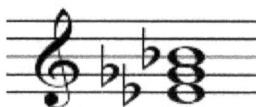

1ª Inversión

2ª Inversión

ACORDE SOL SOSTENIDO MENOR

El acorde de SOL# MENOR en cifrado americano es: G# – B – D#.
La escala de SOL# menor es: Sol# – La# - Si – Do# – Re# – Mi – Fa# –
Sol#. Reglas triadas mayores: Fundamental + 3ª menor + 5ª justa.

PASO A PASO:
1. Ponemos la 1ª nota o fundamental: SOL#.
2. Empleamos la 3ª nota de la escala: SI.
3. Aplicamos la 5ª nota de la escala: RE#.
El acorde de SOL# MENOR ES: SOL# – SI – RE#.

Ahora que encontramos las notas que hacen parte de SOL# MENOR, proseguimos a realizar las inversiones:
4. Empezamos con la 3ª nota de la escala: SI.
5. Utilizamos la 5ª nota de la escala: RE#.
6. Ubicamos la 1ª nota o fundamental: SOL#.
La 1ª inversión de SOL# MENOR ES: SI – RE# - SOL#.

Realizada la 1ª inversión, terminamos encontrando la 2ª inversión:
7. Establecemos la 5ª nota de la escala: RE#.
8. Fijamos la 1ª nota o fundamental: SOL#.
9. Usamos la 3ª nota de la escala: SI.
La 2ª inversión de SOL# MENOR ES: RE# - SOL# – SI.

El acorde de SOL♯ MENOR en el pentagrama:

Fundamental

1ª Inversión   2ª Inversión

ACORDE DO SOSTENIDO MENOR

El acorde de DO♯ MENOR en cifrado americano es: C♯ – E – G♯.
La escala de DO♯ menor es: Do♯ - Re♯ – Mi – Fa♯ – Sol♯ – La – Si - Do♯.
Reglas triadas mayores: Fundamental + 3ª menor + 5ª justa.

PASO A PASO:
1. Ponemos la 1ª nota o fundamental: DO♯.
2. Empleamos la 3ª nota de la escala: MI.
3. Aplicamos la 5ª nota de la escala: SOL♯.
El acorde de DO♯ MENOR ES: DO♯ – MI – SOL♯.

Ahora que encontramos las notas que hacen parte de DO♯ MENOR, proseguimos a realizar las inversiones:
4. Empezamos con la 3ª nota de la escala: MI.
5. Utilizamos la 5ª nota de la escala: SOL♯.
6. Ubicamos la 1ª nota o fundamental: DO♯.
La 1ª inversión de DO♯ MENOR ES: MI – SOL♯ - DO♯.

Realizada la 1ª inversión, terminamos encontrando la 2ª inversión:
7. Establecemos la 5ª nota de la escala: SOL♯.
8. Fijamos la 1ª nota o fundamental: DO♯.
9. Usamos la 3ª nota de la escala: MI.

La 2ª inversión de DO# MENOR ES: SOL# - DO# – MI.

El acorde de DO# MENOR en el pentagrama:

Fundamental

1ª Inversión   2ª Inversión

ACORDE FA SOSTENIDO MENOR

El acorde de FA# MENOR en cifrado americano es: F# – A – C#.
La escala de FA# menor es: Fa# - Sol# - La – Si – Do# - Re – Mi – Fa#.
Reglas triadas mayores: Fundamental + 3ª menor + 5ª justa.

PASO A PASO:
1. Ponemos la 1ª nota o fundamental: FA#.
2. Empleamos la 3ª nota de la escala: LA.
3. Aplicamos la 5ª nota de la escala: DO#.

El acorde de FA# MENOR ES: FA# – LA – DO#.

Ahora que encontramos las notas que hacen parte de FA# MENOR, proseguimos a realizar las inversiones:
4. Empezamos con la 3ª nota de la escala: LA.
5. Utilizamos la 5ª nota de la escala: DO#.
6. Ubicamos la 1ª nota o fundamental: FA#.

La 1ª inversión de FA# MENOR ES: LA – DO# - FA#.

Realizada la 1ª inversión, terminamos encontrando la 2ª inversión:
7. Establecemos la 5ª nota de la escala: DO#.

8. Fijamos la 1ª nota o fundamental: FA♯.
9. Usamos la 3ª nota de la escala: LA.

La 2ª inversión de FA♯ MENOR ES: DO♯ - FA♯ – LA.

El acorde de FA♯ MENOR en el pentagrama:

Fundamental

1ª Inversión   2ª Inversión

ACORDE SI MENOR

El acorde de SI MENOR en cifrado americano es: B – D – F♯.
La escala de SI menor es: Si – Do♯ - Re – Mi – Fa♯ - Sol – La – Si.
Reglas triadas mayores: Fundamental + 3ª menor + 5ª justa.

PASO A PASO:
1. Ponemos la 1ª nota o fundamental: SI.
2. Empleamos la 3ª nota de la escala: RE.
3. Aplicamos la 5ª nota de la escala: FA♯.

El acorde de SI MENOR ES: SI – RE – FA♯.

Ahora que encontramos las notas que hacen parte de SI MENOR, proseguimos a realizar las inversiones:
4. Empezamos con la 3ª nota de la escala: RE.
5. Utilizamos la 5ª nota de la escala: FA♯.
6. Ubicamos la 1ª nota o fundamental: SI.

La 1ª inversión de SI MENOR ES: RE – FA♯ - SI.

Realizada la 1ª inversión, terminamos encontrando la 2ª inversión:

7. Establecemos la 5ª nota de la escala: FA#.
8. Fijamos la 1ª nota o fundamental: Si.
9. Usamos la 3ª nota de la escala: RE.

La 2ª inversión de SI MENOR ES: FA# - SI – RE.

Fundamental

1ª Inversión   2ª Inversión

ACORDE MI MENOR

El acorde de MI MENOR en cifrado americano es: E – G – B.
La escala de MI menor es: Mi – Fa# - Sol - La – Si – Do – Re – Mi.
Reglas triadas mayores: Fundamental + 3ª menor + 5ª justa.

PASO A PASO:
1. Ponemos la 1ª nota o fundamental: MI.
2. Empleamos la 3ª nota de la escala: SOL.
3. Aplicamos la 5ª nota de la escala: SI.

El acorde de MI MENOR ES: MI – SOL – SI.

Ahora que encontramos las notas que hacen parte de MI MENOR, proseguimos a realizar las inversiones:
4. Empezamos con la 3ª nota de la escala: SOL.
5. Utilizamos la 5ª nota de la escala: SI.
6. Ubicamos la 1ª nota o fundamental: MI.

La 1ª inversión de MI MENOR ES: SOL – SI – MI.

Realizada la 1ª inversión, terminamos encontrando la 2ª inversión:
7. Establecemos la 5ª nota de la escala: SI.
8. Fijamos la 1ª nota o fundamental: MI.

9. Usamos la 3ª nota de la escala: SOL.
La 2ª inversión de MI MENOR ES: SI - MI – SOL.

Fundamental

1ª Inversión   2ª Inversión

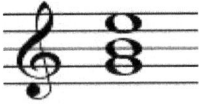   

LA TRIADA AUMENTADA

La triada aumentada comprende la fundamental, la 3ª mayor y la 5ª aumentada. Este acorde se diferencia de la triada mayor en que la 5ª nota esta elevada un semitono.

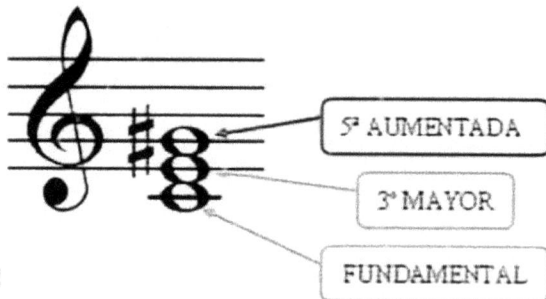

Los acordes aumentados producen mucha tensión al escucharlos y por eso son utilizados en pasajes rápidos de un acorde a otro. Es muy raro escucharlos al inicio o al final de una canción.

La triada aumentada se simboliza a menudo con el signo más (+), al lado del nombre de la nota. aunque también hay otros signos. Ejemplo: F+ (Fa aumentado), E(♯5) (Mi aumentado), B5+ (Si aumentado), Abaug (La bemol aumentado), C♯aum (Do sostenido aumentado).

Como ya lo he dicho antes, hay varios métodos para encontrar una triada aumentada, pero nosotros utilizaremos el siguiente:

- Encontraremos la triada aumentada a partir de la escala cromática.
- Aplicamos la fórmula: Fundamental + 4 semitonos + 4 semitonos.
- Realizamos las inversiones.

ACORDE DO AUMENTADO

El acorde de DO AUMENTADO en cifrado americano es: C – E – G♯.
Fórmula: Fundamental + 4 semitonos + 4 semitonos.
Escala cromática: Do - Do♯ (Reb) – Re - Re♯ (Mib) – Mi – Fa - Fa♯ (Solb) – Sol - Sol♯ (Lab) – La - La♯ (Sib) – Si.

PASO A PASO:
1. Colocamos la 1ª nota o fundamental: DO.
2. Luego contamos 4 semitonos o 4 notas: MI.
3. Ubicados en MI contamos otras 4 notas: SOL♯.

El acorde de DO AUMENTADO ES: DO – MI – SOL♯.

Ahora que encontramos las notas que hacen parte de DO AUMENTADO, proseguimos a realizar las inversiones:
4. Comenzamos con la 3ª mayor: MI.
5. Empleamos la 5ª aumentada: SOL♯.
6. Ponemos la 1ª nota fundamental: DO.

La 1ª inversión de DO AUMENTADO ES: MI – SOL♯ - DO.

Realizada la 1ª inversión, terminamos encontrando la 2ª inversión:
7. Fijamos la 5ª aumentada: SOL♯.
8. Situamos la 1ª nota fundamental: DO.
9. Por último, aplicamos la 3ª mayor: MI.

La 2ª inversión de DO AUMENTADO ES: SOL♯ – DO – MI.

En el pentagrama el acorde DO AUMENTADO:

Fundamental

1ª Inversión

2ª Inversión

ACORDE SOL AUMENTADO

El acorde de SOL AUMENTADO en cifrado americano es: G – B – D♯.
Fórmula: Fundamental + 4 semitonos + 4 semitonos.
Escala cromática: Do - Do♯ (Reb) – Re - Re♯ (Mib) – Mi – Fa - Fa♯ (Solb) –
Sol - Sol♯ (Lab) – La - La♯ (Sib) – Si.

PASO A PASO:
1. Colocamos la 1ª nota o fundamental: SOL.
2. Luego contamos 4 semitonos o 4 notas: SI.
3. Ubicados en SI contamos otras 4 notas: RE♯.

El acorde de SOL AUMENTADO ES: SOL – SI – RE♯.

Ahora que encontramos las notas que hacen parte de SOL AUMENTADO, proseguimos a realizar las inversiones:
4. Comenzamos con la 3ª mayor: SI.
5. Empleamos la 5ª aumentada: RE♯.
6. Ponemos la 1ª nota fundamental: SOL.

La 1ª inversión de SOL AUMENTADO ES: SI – RE♯ - SOL.

Realizada la 1ª inversión, terminamos encontrando la 2ª inversión:
7. Fijamos la 5ª aumentada: RE♯.
8. Situamos la 1ª nota fundamental: SOL.
9. Por último, aplicamos la 3ª mayor: SI.

La 2ª inversión de SOL AUMENTADO ES: RE♯ – SOL – SI.

En el pentagrama el acorde SOL AUMENTADO:

Fundamental

1ª Inversión   2ª Inversión

ACORDE RE AUMENTADO

El acorde de RE AUMENTADO en cifrado americano es: D – F♯ – A♯.
Fórmula: Fundamental + 4 semitonos + 4 semitonos.
Escala cromática: Do - Do♯ (Reb) – Re - Re♯ (Mib) – Mi – Fa - Fa♯ (Solb) –
Sol - Sol♯ (Lab) – La - La♯ (Sib) – Si.

PASO A PASO:
1. Colocamos la 1ª nota o fundamental: RE.
2. Luego contamos 4 semitonos o 4 notas: FA♯.
3. Ubicados en FA♯ contamos otras 4 notas: LA♯.

El acorde de RE AUMENTADO ES: RE – FA♯ – LA♯.

Ahora que encontramos las notas que hacen parte de RE AUMENTADO, proseguimos a realizar las inversiones:

4. Comenzamos con la 3ª mayor: FA♯.
5. Empleamos la 5ª aumentada: LA♯.
6. Ponemos la 1ª nota fundamental: RE.

La 1ª inversión de RE AUMENTADO ES: FA♯ – LA♯ - RE.

Realizada la 1ª inversión, terminamos encontrando la 2ª inversión:

7. Fijamos la 5ª aumentada: LA♯.
8. Situamos la 1ª nota fundamental: RE.
9. Por último, aplicamos la 3ª mayor: FA♯.

La 2ª inversión de RE AUMENTADO ES: LA♯ – RE – FA♯.

En el pentagrama el acorde RE AUMENTADO:

Fundamental

1ª Inversión

2ª Inversión

ACORDE LA AUMENTADO

El acorde de LA AUMENTADO en cifrado americano es: A – C♯– F.
Fórmula: Fundamental + 4 semitonos + 4 semitonos.
Escala cromática: Do - Do♯ (Reb) – Re - Re♯ (Mib) – Mi – Fa - Fa♯ (Solb) –
Sol - Sol♯ (Lab) – La - La♯ (Sib) – Si.

PASO A PASO:
1. Colocamos la 1ª nota o fundamental: LA.
2. Luego contamos 4 semitonos o 4 notas: DO♯.
3. Ubicados en DO♯ contamos otras 4 notas: FA.

El acorde de LA AUMENTADO ES: LA – DO♯ – FA.

Ahora que encontramos las notas que hacen parte de LA AUMENTADO, proseguimos a realizar las inversiones:
4. Comenzamos con la 3ª mayor: DO♯.
5. Empleamos la 5ª aumentada: FA.
6. Ponemos la 1ª nota fundamental: LA.

La 1ª inversión de LA AUMENTADO ES: DO♯ – FA – LA.

Realizada la 1ª inversión, terminamos encontrando la 2ª inversión:
7. Fijamos la 5ª aumentada: FA.
8. Situamos la 1ª nota fundamental: LA.

92

9. Por último, aplicamos la 3ª mayor: DO♯.

La 2ª inversión de LA AUMENTADO ES: FA – LA – DO♯.

En el pentagrama el acorde LA AUMENTADO:

Fundamental

1ª Inversión   2ª Inversión

ACORDE MI AUMENTADO

El acorde de MI AUMENTADO en cifrado americano es: E – G♯ – C.
Fórmula: Fundamental + 4 semitonos + 4 semitonos.
Escala cromática: Do - Do♯ (Reb) – Re - Re♯ (Mib) – Mi – Fa - Fa♯ (Solb) –
Sol - Sol♯ (Lab) – La - La♯ (Sib) – Si.

PASO A PASO:
1. Colocamos la 1ª nota o fundamental: MI.
2. Luego contamos 4 semitonos o 4 notas: SOL♯.
3. Ubicados en SOL♯ contamos otras 4 notas: DO.

El acorde de MI AUMENTADO ES: MI – SOL♯ – DO.

Ahora que encontramos las notas que hacen parte de MI AUMENTADO, proseguimos a realizar las inversiones:
4. Comenzamos con la 3ª mayor: SOL♯.
5. Empleamos la 5ª aumentada: DO.
6. Ponemos la 1ª nota fundamental: MI.

La 1ª inversión de MI AUMENTADO ES: SOL♯ – DO – MI.

Realizada la 1ª inversión, terminamos encontrando la 2ª inversión:

7. Fijamos la 5ª aumentada: DO.
8. Situamos la 1ª nota fundamental: MI.
9. Por último, aplicamos la 3ª mayor: SOL♯.

La 2ª inversión de MI AUMENTADO ES: DO – MI – SOL♯.

En el pentagrama el acorde MI AUMENTADO:

Fundamental

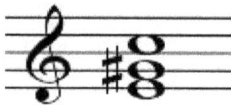

1ª Inversión	2ª Inversión
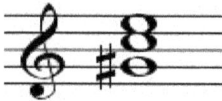	

ACORDE SI AUMENTADO

El acorde de SI AUMENTADO en cifrado americano es: B – D♯ – G.
Fórmula: Fundamental + 4 semitonos + 4 semitonos.
Escala cromática: Do - Do♯ (Reb) – Re - Re♯ (Mib) – Mi – Fa - Fa♯ (Solb) – Sol - Sol♯ (Lab) – La - La♯ (Sib) – Si.

Paso a paso:

1. Colocamos la 1ª nota o fundamental: SI.
2. Luego contamos 4 semitonos o 4 notas: RE♯.
3. Ubicados en RE♯ contamos otras 4 notas: SOL.

El acorde de SI AUMENTADO ES: SI – RE♯ – SOL.

Ahora que encontramos las notas que hacen parte de SI AUMENTADO, proseguimos a realizar las inversiones:

4. Comenzamos con la 3ª mayor: RE♯.
5. Empleamos la 5ª aumentada: SOL.
6. Ponemos la 1ª nota fundamental: SI.

La 1ª inversión de SI AUMENTADO ES: RE♯ – SOL – SI.

Realizada la 1ª inversión, terminamos encontrando la 2ª inversión:
7. Fijamos la 5ª aumentada: SOL.
8. Situamos la 1ª nota fundamental: SI.
9. Por último, aplicamos la 3ª mayor: RE♯.

La 2ª inversión de SI AUMENTADO ES: SOL – SI – RE♯.

En el pentagrama el acorde SI AUMENTADO:

Fundamental

1ª Inversión   2ª Inversión

ACORDE FA SOSTENIDO AUMENTADO

El acorde de FA♯ AUMENTADO en cifrado americano es: F♯ – A♯ – D.
Fórmula: Fundamental + 4 semitonos + 4 semitonos.
Escala cromática: Do - Do♯ (Reb) – Re - Re♯ (Mib) – Mi – Fa - Fa♯ (Solb) –
Sol - Sol♯ (Lab) – La - La♯ (Sib) – Si.

PASO A PASO:
1. Colocamos la 1ª nota o fundamental: FA♯.
2. Luego contamos 4 semitonos o 4 notas: LA♯.
3. Ubicados en LA♯ contamos otras 4 notas: RE.

El acorde de FA♯ AUMENTADO ES: FA♯ – LA♯ – RE.

Ahora que encontramos las notas que hacen parte de FA♯ AUMENTADO, proseguimos a realizar las inversiones:

4. Comenzamos con la 3ª mayor: LA♯.
5. Empleamos la 5ª aumentada: RE.
6. Ponemos la 1ª nota fundamental: FA♯.

La 1ª inversión de FA♯ AUMENTADO ES: LA♯ – RE – FA♯.

Realizada la 1ª inversión, terminamos encontrando la 2ª inversión:
7. Fijamos la 5ª aumentada: RE.
8. Situamos la 1ª nota fundamental: FA♯.
9. Por último, aplicamos la 3ª mayor: LA♯.

La 2ª inversión de FA♯ AUMENTADO ES: RE – FA♯ – LA♯.

En el pentagrama el acorde FA♯ AUMENTADO:

Fundamental

1ª Inversión   2ª Inversión

ACORDE RE BEMOL AUMENTADO

El acorde de RE♭ AUMENTADO en cifrado americano es: D♭ – F – A.
Fórmula: Fundamental + 4 semitonos + 4 semitonos.
Escala cromática: Do - Do♯ (Re♭) – Re - Re♯ (Mi♭) – Mi – Fa - Fa♯ (Sol♭) –
Sol - Sol♯ (La♭) – La - La♯ (Si♭) – Si.

PASO A PASO:
1. Colocamos la 1ª nota o fundamental: RE♭.
2. Luego contamos 4 semitonos o 4 notas: FA.
3. Ubicados en FA contamos otras 4 notas: LA.

El acorde de RE♭ AUMENTADO ES: RE♭ – FA – LA.

Ahora que encontramos las notas que hacen parte de REb AUMENTADO, proseguimos a realizar las inversiones:

4. Comenzamos con la 3ª mayor: FA.
5. Empleamos la 5ª aumentada: LA.
6. Ponemos la 1ª nota fundamental: REb.

La 1ª inversión de REb AUMENTADO ES: FA – LA – REb.

Realizada la 1ª inversión, terminamos encontrando la 2ª inversión:

7. Fijamos la 5ª aumentada: LA.
8. Situamos la 1ª nota fundamental: REb.
9. Por último, aplicamos la 3ª mayor: FA.

La 2ª inversión de REb AUMENTADO ES: LA – REb – FA.

En el pentagrama el acorde REb AUMENTADO:

Fundamental

1ª Inversión   2ª Inversión

ACORDE LA BEMOL AUMENTADO

El acorde de LAb AUMENTADO en cifrado americano es: Ab – C – E.
Fórmula: Fundamental + 4 semitonos + 4 semitonos.
Escala cromática: Do - Do# (Reb) – Re - Re# (Mib) – Mi – Fa - Fa# (Solb) – Sol - Sol# (Lab) – La - La# (Sib) – Si.

PASO A PASO:

1. Colocamos la 1ª nota o fundamental: Lab.
2. Luego contamos 4 semitonos o 4 notas: DO.
3. Ubicados en DO contamos otras 4 notas: MI.

El acorde de LAb AUMENTADO ES: LAb – DO – MI.

Ahora que encontramos las notas que hacen parte de LAb AUMENTADO, proseguimos a realizar las inversiones:
4. Comenzamos con la 3ª mayor: DO.
5. Empleamos la 5ª aumentada: MI.
6. Ponemos la 1ª nota fundamental: Lab.

La 1ª inversión de LAb AUMENTADO ES: DO – MI – LAb.

Realizada la 1ª inversión, terminamos encontrando la 2ª inversión:
7. Fijamos la 5ª aumentada: MI.
8. Situamos la 1ª nota fundamental: Lab.
9. Por último, aplicamos la 3ª mayor: DO.

La 2ª inversión de LAb AUMENTADO ES: MI – LAb – DO.

En el pentagrama el acorde LAb AUMENTADO:

Fundamental

1ª Inversión

2ª Inversión

ACORDE MI BEMOL AUMENTADO

El acorde de MIb AUMENTADO en cifrado americano es: Eb – G – B.
Fórmula: Fundamental + 4 semitonos + 4 semitonos.
Escala cromática: Do - Do# (Reb) – Re - Re# (Mib) – Mi – Fa - Fa# (Solb) – Sol - Sol# (Lab) – La - La# (Sib) – Si.

PASO A PASO:

1. Colocamos la 1ª nota o fundamental: MIb.
2. Luego contamos 4 semitonos o 4 notas: SOL.
3. Ubicados en SOL contamos otras 4 notas: SI.

El acorde de MIb AUMENTADO ES: MIb – SOL – SI.

Ahora que encontramos las notas que hacen parte de MIb AUMENTADO, proseguimos a realizar las inversiones:

4. Comenzamos con la 3ª mayor: SOL.
5. Empleamos la 5ª aumentada: SI.
6. Ponemos la 1ª nota fundamental: MIb.

La 1ª inversión de MIb AUMENTADO ES: SOL – SI – MIb.

Realizada la 1ª inversión, terminamos encontrando la 2ª inversión:

7. Fijamos la 5ª aumentada: SI.
8. Situamos la 1ª nota fundamental: MIb.
9. Por último, aplicamos la 3ª mayor: SOL.

La 2ª inversión de MIb. AUMENTADO ES: SI – MIb – SOL.

En el pentagrama el acorde MIb AUMENTADO:

Fundamental

1ª Inversión   2ª Inversión

ACORDE SI BEMOL AUMENTADO

El acorde de SIb AUMENTADO en cifrado americano es: Bb – D – Gb.
Fórmula: Fundamental + 4 semitonos + 4 semitonos.

Escala cromática: Do - Do# (Re♭) – Re - Re# (Mi♭) – Mi – Fa - Fa# (Sol♭) – Sol - Sol# (La♭) – La - La# (Si♭) – Si.

Paso a paso:

1. Colocamos la 1ª nota o fundamental: SI♭.
2. Luego contamos 4 semitonos o 4 notas: RE.
3. Ubicados en RE contamos otras 4 notas: SOL♭.

El acorde de SI♭ AUMENTADO ES: SI♭ – RE – SOL♭.

Ahora que encontramos las notas que hacen parte de SI♭ AUMENTADO, proseguimos a realizar las inversiones:

4. Comenzamos con la 3ª mayor: RE.
5. Empleamos la 5ª aumentada: SOL♭.
6. Ponemos la 1ª nota fundamental: SI♭.

La 1ª inversión de SI♭ AUMENTADO ES: RE – SOL♭ – SI♭.

Realizada la 1ª inversión, terminamos encontrando la 2ª inversión:

7. Fijamos la 5ª aumentada: SOL♭.
8. Situamos la 1ª nota fundamental: SI♭.
9. Por último, aplicamos la 3ª mayor: RE.

La 2ª inversión de SI♭ AUMENTADO ES: SOL♭ – SI♭ – RE.

En el pentagrama el acorde SI♭ AUMENTADO:

Fundamental

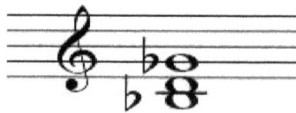

1ª Inversión

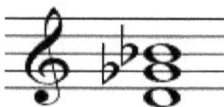

2ª Inversión

ACORDE FA AUMENTADO

El acorde de FA AUMENTADO en cifrado americano es: F – A – C#.
Fórmula: Fundamental + 4 semitonos + 4 semitonos.
Escala cromática: Do - Do# (Reb) – Re - Re# (Mib) – Mi – Fa - Fa# (Solb) –
Sol - Sol# (Lab) – La - La# (Sib) – Si.

PASO A PASO:
1. Colocamos la 1ª nota o fundamental: FA.
2. Luego contamos 4 semitonos o 4 notas: LA.
3. Ubicados en LA contamos otras 4 notas: DO#.

El acorde de FA AUMENTADO ES: FA – LA – DO#.

Ahora que encontramos las notas que hacen parte de FA AUMENTADO, proseguimos a realizar las inversiones:
4. Comenzamos con la 3ª mayor: LA.
5. Empleamos la 5ª aumentada: DO#.
6. Ponemos la 1ª nota fundamental: FA.

La 1ª inversión de FA AUMENTADO ES: LA – DO# – FA.

Realizada la 1ª inversión, terminamos encontrando la 2ª inversión:
7. Fijamos la 5ª aumentada: DO#.
8. Situamos la 1ª nota fundamental: FA.
9. Por último, aplicamos la 3ª mayor: LA.

La 2ª inversión de FA AUMENTADO ES: DO# – FA – LA.

En el pentagrama el acorde FA AUMENTADO:

Fundamental

1ª Inversión

2ª Inversión

NOTA IMPORTANTE SOBRE LOS AUMENTADOS

Los aumentados DO, MI y LAb son las mismas notas. Lo que cambia es el orden como están ubicadas las notas. Ejemplo:

1. **DO AUMENTADO** = Do – Mi - Sol♯ (fundamental), Mi – Sol♯ – Do (primera inversión), Sol♯ – Do – Mi (segunda inversión). **MI AUMENTADO** = Mi – Sol♯ – Do (fundamental), Sol♯ – Do – Mi (primera inversión), Do – Mi - Sol♯ (segunda inversión). **LA BEMOL AUMENTADO (SOL SOSTENIDO AUMENTADO)** = Lab – Do – Mi (fundamental), Do – Mi - Lab (primera inversión), Mi – Lab – Do (segunda inversión).

2. Los aumentados SOL, SI y MIb son las mismas notas. Ejemplo: **SOL AUMENTADO** = Sol – Si - Re♯ (fundamental), Si – Re♯ – Sol (primera inversión), Re♯ – Sol – Si (segunda inversión). **SI AUMENTADO** = Si – Re♯ – Sol (fundamental), Re♯ – Sol – Si (primera inversión), Sol – Si - Re♯ (segunda inversión). **MI BEMOL AUMENTADO (RE SOSTENIDO AUMENTADO)** = Mib – Sol – Si (fundamental), Sol – Si - Mib (primera inversión), Si - Mib – Sol (segunda inversión).

3. Los aumentados RE, FA♯ y SIb son las mismas notas. Ejemplo: **RE AUMENTADO** = Re – Fa♯ - La♯ (fundamental), Fa♯ - La♯ – Re (primera inversión), La♯ – Re – Fa♯ (segunda inversión). **FA SOSTENIDO AUMENTADO (SOL BEMOL AUMENTADO)** = Fa♯ - La♯ – Re (fundamental), La♯ – Re – Fa♯ (primera inversión), Re – Fa♯ - La♯ (segunda inversión). **SI BEMOL AUMENTADO (LA SOSTENIDO AUMENTADO)** = Sib – Re – Solb (fundamental), Re – Solb - Sib (primera inversión), Solb - Sib – Re (segunda inversión).

4. Los aumentados LA, FA y RE♭ son las mismas notas. Ejemplo: **LA AUMENTADO** = La – Do♯ - Fa (fundamental), Do♯ - Fa – La (primera inversión), Fa – La – Do♯ (segunda inversión). **FA AUMENTADO** = Fa – La – Do♯ (fundamental), La – Do♯ - Fa (primera inversión), Do♯ - Fa – La (segunda inversión). **RE BEMOL AUMENTADO (DO SOSTENIDO AUMENTADO)** = Re♭ – Fa – La (fundamental), Fa – La - Re♭ (primera inversión), La - Re♭ – Fa (segunda inversión).

LA TRIADA DISMINUIDA

La triada disminuida está formada por la fundamental, más una 3ª menor y otro de 5ª disminuida. Las notas empleadas Do - Mib y Solb, este acorde se lo denomina DO DISMINUIDO.

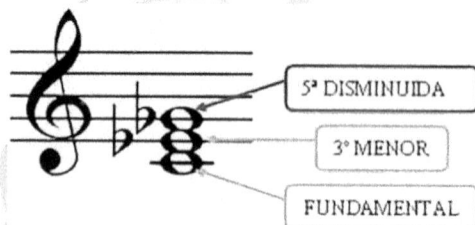

Estos acordes son casi idénticos a los acordes menores, con la diferencia en que la 5ª es disminuida. Su sonido no produce tanta tensión como los acordes aumentados, tampoco son acordes de reposo y son utilizados para pasajes entre un acorde y otro. El cifrado de la triada disminuida se simboliza de la siguiente manera: D° (Re disminuido), Gdis (Sol disminuido), Edim (mi disminuido). El método que utilizaremos para encontrar una triada disminuida es el siguiente: Fundamental + 3 semitonos + 3 semitonos. Una vez más usaremos la escala cromática.

ACORDE LA DISMINUIDO

El acorde de LA DISMINUIDO en cifrado americano es: A – C – Eb.

Escala cromática: Do - Do# (Reb) – Re - Re# (Mib) – Mi – Fa - Fa# (Solb) – Sol - Sol# (Lab) – La - La# (Sib) – Si.
Fórmula: Fundamental + 3 semitonos + 3 semitonos.

PASO A PASO:
1. Colocamos la nota fundamental: LA.
2. Luego contamos 3 semitonos o 3 notas: DO.
3. Ubicados en DO contamos otras 3 notas: Mib.

El acorde de LA DISMINUIDO ES: LA – DO – MIb.

Ahora que encontramos las notas que hacen parte de LA DISMINUIDO, proseguimos a realizar las inversiones:
4. Comenzamos con la 3ª menor: DO.
5. Empleamos la 5ª disminuida: Mib.
6. Ponemos la nota fundamental: LA.

La 1ª inversión de LA DISMINUIDO ES: DO – MIb - LA.

Realizada la 1ª inversión, terminamos encontrando la 2ª inversión:
7. Fijamos la 5ª disminuida: Mib.
8. Situamos la nota fundamental: LA.
9. Por último, aplicamos la 3ª menor: DO.

La 2ª inversión de LA DISMINUIDO ES: MIb –LA – DO.

En el pentagrama LA DISMINUIDO:

Fundamental

1ª Inversión

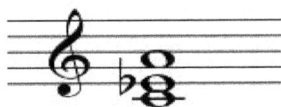

2ª Inversión

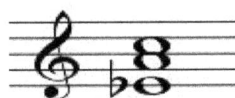

ACORDE RE DISMINUIDO

El acorde de RE DISMINUIDO en cifrado americano es: D – F – Ab.
Escala cromática: Do - Do# (Reb) – Re - Re# (Mib) – Mi – Fa - Fa# (Solb) –
Sol - Sol# (Lab) – La - La# (Sib) – Si.
Fórmula: Fundamental + 3 semitonos + 3 semitonos.

PASO A PASO:
1. Colocamos la nota fundamental: RE.
2. Luego contamos 3 semitonos o 3 notas: FA.
3. Ubicados en FA contamos otras 3 notas: Lab.

El acorde de RE DISMINUIDO ES: RE – FA – LAb.

Ahora que encontramos las notas que hacen parte de RE DISMINUIDO, proseguimos a realizar las inversiones:
4. Comenzamos con la 3ª menor: FA.
5. Empleamos la 5ª disminuida: Lab.
6. Ponemos la nota fundamental: RE.

La 1ª inversión de RE DISMINUIDO ES: FA – LAb - RE.

Realizada la 1ª inversión, terminamos encontrando la 2ª inversión:
7. Fijamos la 5ª disminuida: Lab.
8. Situamos la nota fundamental: RE.
9. Por último, aplicamos la 3ª menor: FA.

La 2ª inversión de RE DISMINUIDO ES: LAb –RE – FA.

En el pentagrama RE DISMINUIDO:

Fundamental

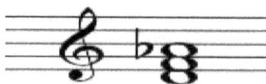

1ª Inversión

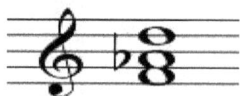

2ª Inversión

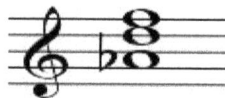

ACORDE SOL DISMINUIDO

El acorde de SOL DISMINUIDO en cifrado americano es: G – B♭ – D♭.
Escala cromática: Do - Do# (Re♭) – Re - Re# (Mi♭) – Mi – Fa - Fa# (Sol♭) –
Sol - Sol# (La♭) – La – La# (Si♭) – Si.
Fórmula: Fundamental + 3 semitonos + 3 semitonos.

PASO A PASO:
1. Colocamos la nota fundamental: SOL.
2. Luego contamos 3 semitonos o 3 notas: SI♭.
3. Ubicados en SI♭ contamos otras 3 notas: RE♭.

El acorde de SOL DISMINUIDO ES: SOL – SI♭ – RE♭.

Ahora que encontramos las notas que hacen parte de SOL DISMINUIDO, proseguimos a realizar las inversiones:
4. Comenzamos con la 3ª menor: SI♭.
5. Empleamos la 5ª disminuida: RE♭.
6. Ponemos la nota fundamental: SOL.

La 1ª inversión de SOL DISMINUIDO ES: SI♭ – RE♭ - SOL.
Realizada la 1ª inversión, terminamos encontrando la 2ª inversión:
7. Fijamos la 5ª disminuida: RE♭.
8. Situamos la nota fundamental: SOL.
9. Por último, aplicamos la 3ª menor: SI♭.

La 2ª inversión de SOL DISMINUIDO ES: RE♭ –SOL - SI♭.

En el pentagrama SOL DISMINUIDO:

Fundamental

1ª Inversión

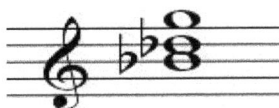

2ª Inversión

ACORDE DO DISMINUIDO

El acorde de DO DISMINUIDO en cifrado americano es: C – Eb – Gb.
Escala cromática: Do - Do# (Reb) – Re - Re# (Mib) – Mi – Fa - Fa# (Solb) –
Sol - Sol# (Lab) – La - La# (Sib) – Si.
Fórmula: Fundamental + 3 semitonos + 3 semitonos.

PASO A PASO:
1. Colocamos la nota fundamental: DO.
2. Luego contamos 3 semitonos o 3 notas: Mib.
3. Ubicados en MIb contamos otras 3 notas: SOLb.

El acorde de DO DISMINUIDO ES: DO – MIb – SOLb.

Ahora que encontramos las notas que hacen parte de DO DISMINUIDO, proseguimos a realizar las inversiones:
4. Comenzamos con la 3ª menor: Mib.
5. Empleamos la 5ª disminuida: SOLb.
6. Ponemos la nota fundamental: DO.

La 1ª inversión de DO DISMINUIDO ES: MIb – SOLb - DO.

Realizada la 1ª inversión, terminamos encontrando la 2ª inversión:
7. Fijamos la 5ª disminuida: SOLb.
8. Situamos la nota fundamental: DO.
9. Por último, aplicamos la 3ª menor: Mib.

La 2ª inversión de DO DISMINUIDO ES: SOLb –DO - MIb.

En el pentagrama DO DISMINUIDO:

Fundamental

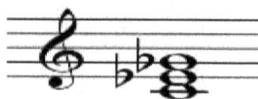

1ª Inversión

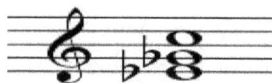

2ª Inversión

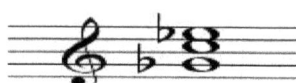

ACORDE FA DISMINUIDO

El acorde de FA DISMINUIDO en cifrado americano es: F – Ab – B.
Escala cromática: Do - Do# (Reb) – Re - Re# (Mib) – Mi – Fa - Fa# (Solb) –
Sol - Sol# (Lab) – La - La# (Sib) – Si.
Fórmula: Fundamental + 3 semitonos + 3 semitonos.

PASO A PASO:
1. Colocamos la nota fundamental: FA.
2. Luego contamos 3 semitonos o 3 notas: LAb.
3. Ubicados en LAb contamos otras 3 notas: SI.

El acorde de FA DISMINUIDO ES: FA – LAb – SI.

Ahora que encontramos las notas que hacen parte de FA DISMINUIDO, proseguimos a realizar las inversiones:
4. Comenzamos con la 3ª menor: LAb.
5. Empleamos la 5ª disminuida: SI.
6. Ponemos la nota fundamental: FA.

La 1ª inversión de FA DISMINUIDO ES: LAb – SI – FA.

Realizada la 1ª inversión, terminamos encontrando la 2ª inversión:
7. Fijamos la 5ª disminuida: SI.
8. Situamos la nota fundamental: FA.
9. Por último, aplicamos la 3ª menor: LAb.

La 2ª inversión de FA DISMINUIDO ES: SI – FA - LAb.

En el pentagrama FA DISMINUIDO:

Fundamental

1ª Inversión

2ª Inversión

ACORDE SI BEMOL DISMINUIDO

El acorde de SIb DISMINUIDO en cifrado americano es: Bb – Db – E. Escala cromática: Do - Do# (Reb) – Re - Re# (Mib) – Mi – Fa - Fa# (Solb) – Sol - Sol# (Lab) – La - La# (Sib) – Si.
Fórmula: Fundamental + 3 semitonos + 3 semitonos.

PASO A PASO:
1. Colocamos la nota fundamental: SIb.
2. Luego contamos 3 semitonos o 3 notas: REb.
3. Ubicados en REb contamos otras 3 notas: MI.

El acorde de SI BEMOL DISMINUIDO ES: SIb – REb – MI.

Ahora que encontramos las notas que hacen parte de SIb DISMINUIDO, proseguimos a realizar las inversiones:
4. Comenzamos con la 3ª menor: REb.
5. Empleamos la 5ª disminuida: MI.
6. Ponemos la nota fundamental: SIb.

La 1ª inversión de SI BEMOL DISMINUIDO ES: REb – MI - SIb.

Realizada la 1ª inversión, terminamos encontrando la 2ª inversión:
7. Fijamos la 5ª disminuida: MI.
8. Situamos la nota fundamental: SIb.
9. Por último, aplicamos la 3ª menor: REb.

La 2ª inversión de SI BEMOL DISMINUIDO ES: MI – SIb - REb.

En el pentagrama SIb DISMINUIDO:

Fundamental

1ª Inversión

2ª Inversión

ACORDE MI BEMOL DISMINUIDO

El acorde de MI♭ DISMINUIDO en cifrado americano es: E♭ – G♭ – A.
Escala cromática: Do - Do♯ (Re♭) – Re - Re♯ (Mi♭) – Mi – Fa - Fa♯ (Sol♭) –
Sol - Sol♯ (La♭) – La - La♯ (Si♭) – Si.
Fórmula: Fundamental + 3 semitonos + 3 semitonos.

PASO A PASO:
1. Colocamos la nota fundamental: Mi♭.
2. Luego contamos 3 semitonos o 3 notas: SOL♭.
3. Ubicados en SOL♭ contamos otras 3 notas: LA.

El acorde de MI BEMOL DISMINUIDO ES: MI♭ – SOL♭ – LA.

Ahora que encontramos las notas que hacen parte de MI♭ DISMINUIDO, proseguimos a realizar las inversiones:
4. Comenzamos con la 3ª menor: SOL♭.
5. Empleamos la 5ª disminuida: LA.
6. Ponemos la nota fundamental: Mi♭.

La 1ª inversión de MI BEMOL DISMINUIDO ES: SOL♭ –LA -MI♭.

Realizada la 1ª inversión, terminamos encontrando la 2ª inversión:
7. Fijamos la 5ª disminuida: LA.
8. Situamos la nota fundamental: Mi♭.
9. Por último, aplicamos la 3ª menor: SOL♭.

La 2ª inversión de MI BEMOL DISMINUIDO ES: LA – MI♭ - SOL♭.

En el pentagrama MIb DISMINUIDO:

Fundamental

1ª Inversión

2ª Inversión

111

ACORDE SOL SOSTENIDO DISMINUIDO

El acorde de SOL# DISMINUIDO en cifrado americano es: G# – B – D.
Escala cromática: Do - Do# (Reb) – Re - Re# (Mib) – Mi – Fa - Fa# (Solb) –
Sol - Sol# (Lab) – La - La# (Sib) – Si.
Fórmula: Fundamental + 3 semitonos + 3 semitonos.

PASO A PASO:
1. Colocamos la nota fundamental: SOL#.
2. Luego contamos 3 semitonos o 3 notas: SI.
3. Ubicados en SI contamos otras 3 notas: RE.

El acorde de SOL SOSTENIDO DISMINUIDO ES: SOL# – SI –
RE.

Ahora que encontramos las notas que hacen parte de SOL#
DISMINUIDO, proseguimos a realizar las inversiones:
4. Comenzamos con la 3ª menor: SI.
5. Empleamos la 5ª disminuida: RE.
6. Ponemos la nota fundamental: SOL#.

La 1ª inversión de SOL SOSTENIDO DISMINUIDO ES: SI – RE -
SOL#.

Realizada la 1ª inversión, terminamos encontrando la 2ª inversión:
7. Fijamos la 5ª disminuida: RE.
8. Situamos la nota fundamental: SOL#.
9. Por último, aplicamos la 3ª menor: SI.

La 2ª inversión de SOL SOSTENIDO DISMINUIDO ES: RE –
SOL# – SI.

En el pentagrama SOL# DISMINUIDO:

Fundamental

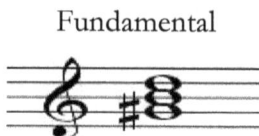

1ª Inversión   2ª Inversión

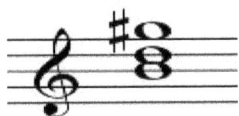 

ACORDE DO SOSTENIDO DISMINUIDO

El acorde de DO# DISMINUIDO en cifrado americano es: C# – E – G. Escala cromática: Do - Do# (Reb) – Re - Re# (Mib) – Mi – Fa - Fa# (Solb) – Sol - Sol# (Lab) – La - La# (Sib) – Si.
Fórmula: Fundamental + 3 semitonos + 3 semitonos.

PASO A PASO:
1. Colocamos la nota fundamental: DO#.
2. Luego contamos 3 semitonos o 3 notas: MI.
3. Ubicados en MI contamos otras 3 notas: SOL.

El acorde de DO SOSTENIDO DISMINUIDO ES: DO# – MI – SOL.

Ahora que encontramos las notas que hacen parte de DO# DISMINUIDO, proseguimos a realizar las inversiones:
4. Comenzamos con la 3ª menor: MI.
5. Empleamos la 5ª disminuida: SOL.
6. Ponemos la nota fundamental: DO#.

La 1ª inversión de DO SOSTENIDO DISMINUIDO ES: MI – SOL - DO#.

Realizada la 1ª inversión, terminamos encontrando la 2ª inversión:
7. Fijamos la 5ª disminuida: SOL.
8. Situamos la nota fundamental: DO#.
9. Por último, aplicamos la 3ª menor: MI.

La 2ª inversión de DO SOSTENIDO DISMINUIDO ES: SOL – DO# – MI.

En el pentagrama DO# DISMINUIDO:

Fundamental

1ª Inversión   2ª Inversión

ACORDE FA SOSTENIDO DISMINUIDO

El acorde de FA# DISMINUIDO en cifrado americano es: F# – A – C. Escala cromática: Do - Do# (Reb) – Re - Re# (Mib) – Mi – Fa - Fa# (Solb) – Sol - Sol# (Lab) – La - La# (Sib) – Si.
Fórmula: Fundamental + 3 semitonos + 3 semitonos.

PASO A PASO:
1. Colocamos la nota fundamental: FA#.
2. Luego contamos 3 semitonos o 3 notas: LA.
3. Ubicados en LA contamos otras 3 notas: DO.

El acorde de FA SOSTENIDO DISMINUIDO ES: FA# – LA – DO.

Ahora que encontramos las notas que hacen parte de FA# DISMINUIDO, proseguimos a realizar las inversiones:
4. Comenzamos con la 3ª menor: LA.
5. Empleamos la 5ª disminuida: DO.
6. Ponemos la nota fundamental: FA#.

La 1ª inversión de FA SOSTENIDO DISMINUIDO ES: LA – DO - FA#.

Realizada la 1ª inversión, terminamos encontrando la 2ª inversión:
7. Fijamos la 5ª disminuida: DO.
8. Situamos la nota fundamental: FA#.
9. Por último, aplicamos la 3ª menor: LA.

La 2ª inversión de FA SOSTENIDO DISMINUIDO ES: DO – FA♯ – LA.

En el pentagrama FA♯ DISMINUIDO:

Fundamental

1ª Inversión   2ª Inversión

ACORDE SI DISMINUIDO

El acorde de SI DISMINUIDO en cifrado americano es: B – D – F.
Escala cromática: Do - Do♯ (Reb) – Re – Re♯ (Mib) – Mi – Fa - Fa♯ (Solb) –
Sol - Sol♯ (Lab) – La - La♯ (Sib) – Si.
Fórmula: Fundamental + 3 semitonos + 3 semitonos.

PASO A PASO:
1. Colocamos la nota fundamental: SI.
2. Luego contamos 3 semitonos o 3 notas: RE.
3. Ubicados en RE contamos otras 3 notas: FA.
El acorde de SI DISMINUIDO ES: SI – RE – FA.

Ahora que encontramos las notas que hacen parte de SI DISMINUIDO, proseguimos a realizar las inversiones:
4. Comenzamos con la 3ª menor: RE.
5. Empleamos la 5ª disminuida: FA.
6. Ponemos la nota fundamental: SI.
La 1ª inversión de SI DISMINUIDO ES: RE – FA – SI.

Realizada la 1ª inversión, terminamos encontrando la 2ª inversión:

7. Fijamos la 5ª disminuida: FA.
8. Situamos la nota fundamental: SI.
9. Por último, aplicamos la 3ª menor: RE.

La 2ª inversión de SI DISMINUIDO ES: FA – SI – RE.

En el pentagrama SI DISMINUIDO:

Fundamental

1ª Inversión   2ª Inversión

ACORDE MI DISMINUIDO

El acorde de MI DISMINUIDO en cifrado americano es: $E – G – Bb$. *Escala cromática: Do - Do# (Reb) – Re - Re# (Mib) – Mi – Fa - Fa# (Solb) – Sol - Sol# (Lab) – La - La# (Sib) – Si.*
Fórmula: Fundamental + 3 semitonos + 3 semitonos.

PASO A PASO:
1. Colocamos la nota fundamental: MI.
2. Luego contamos 3 semitonos o 3 notas: SOL.
3. Ubicados en SOL contamos otras 3 notas: SIb.

El acorde de MI DISMINUIDO ES: MI – SOL – SIb.

Ahora que encontramos las notas que hacen parte de MI DISMINUIDO, proseguimos a realizar las inversiones:
4. Comenzamos con la 3ª menor: SOL.
5. Empleamos la 5ª disminuida: SIb.
6. Ponemos la nota fundamental: MI.

La 1ª inversión de MI DISMINUIDO ES: SOL – SIb - MI.

Realizada la 1ª inversión, terminamos encontrando la 2ª inversión:

7. Fijamos la 5ª disminuida: SIb.
8. Situamos la nota fundamental: MI.
9. Por último, aplicamos la 3ª menor: SOL.

La 2ª inversión de MI DISMINUIDO ES: SIb – MI – SOL.

En el pentagrama MI DISMINUIDO:

Fundamental

1ª Inversión

2ª Inversión

CÍRCULOS ARMÓNICOS

El círculo armónico es el que construimos sobre la base de una escala mayor y menor, obteniendo varias estructuras de acordes que tendrán otras sonoridades. Las tres funciones más importantes son la tónica (grado I), la subdominante (grado IV) y la dominante (grado V).

Ejemplo	Do M	rem	mim	Fa M	Sol M	lam	si dim
Grado	I	ii	iii	IV	V	vi	vii
Acorde	Mayor	Menor	Menor	Mayor	Mayor	Menor	Disminuido

Tenemos la posibilidad de armar el círculo armónico mayor, porque hay una sola escala mayor y tres posibilidades de armar un círculo armónico menor, porque tenemos tres escalas menores.

Los círculos armónicos sirven para acompañar una canción y conocer las triadas o tonalidades que probablemente ejecutaremos en nuestro instrumento, según la estructura de la canción. Es decir, si comenzamos a tocar una canción por DO MAYOR, utilizaremos los acordes que forman parte del circulo armónico de Do mayor. Aunque hay algunas excepciones dado que hay canciones con armonías más complejas, pero esto es la generalidad.

Conociendo pues los círculos armónicos mayores y menores y sabiendo el sonido de los grados pertenecientes a cada acorde, podemos tocar y armonizar cualquier tipo de canción en el mundo, por lo menos de manera básica.

Ahora procederemos a construir paso a paso, los círculos armónicos de los 12 tonos musicales, teniendo en cuenta su escala respectiva y la regla de cada circulo armónico en particular. También añadiremos en cifrado americano el nombre de las notas, en el resultado del circulo armónico visto.

CÍRCULO ARMÓNICO MAYOR

El círculo armónico mayor, se construye teniendo en cuenta la escala mayor. Tiene como regla la siguiente:

- El primer grado es mayor.
- El segundo grado es menor.
- El tercer grado es menor.
- El cuarto grado es mayor.
- El quinto grado es mayor.
- El sexto grado es menor.
- El séptimo grado es disminuido.
- El octavo grado es mayor.

CÍRCULO ARMÓNICO DO MAYOR

DO   REm   MIm   FA   SOL   LAm   SI°   DO

La escala de DO mayor es: Do - Re – Mi – Fa – Sol – La – Si – Do.
Regla círculo armónico mayor: Mayor, menor, menor, mayor, mayor, menor, disminuido, mayor.

PASO A PASO:
1. El primer grado es DO MAYOR.
2. El segundo grado es RE MENOR.
3. El tercer grado es MI MENOR.

4. El cuarto grado es FA MAYOR.
5. El quinto grado es SOL MAYOR.
6. El sexto grado es LA MENOR.
7. El séptimo grado es SI DISMINUIDO.
8. El octavo grado es DO MAYOR.

El círculo armónico de DO MAYOR ES: DO MAYOR, RE MENOR, MI MENOR, FA MAYOR, SOL MAYOR, LA MENOR, SI DISMINUIDO, DO MAYOR.

CIFRADO AMERICANO: C – Dm – Em – F – G – Am – B° - C.

CÍRCULO ARMÓNICO SOL MAYOR

| SOL | LAm | SIm | DO | RE | MIm | FA#° | SOL |

La escala de SOL mayor es: Sol - La – Si – Do – Re – Mi – Fa# - Sol.
Regla círculo armónico mayor: Mayor, menor, menor, mayor, mayor, menor, disminuido, mayor.

PASO A PASO:
1. El primer grado es SOL MAYOR.
2. El segundo grado es LA MENOR.
3. El tercer grado es SI MENOR.
4. El cuarto grado es DO MAYOR.
5. El quinto grado es RE MAYOR.
6. El sexto grado es MI MENOR.
7. El séptimo grado es FA# DISMINUIDO.
8. El octavo grado es SOL MAYOR.

El círculo armónico de SOL MAYOR ES: SOL MAYOR, LA MENOR, SI MENOR, DO MAYOR, RE MAYOR, MI MENOR, FA# DISMINUIDO, SOL MAYOR.

CIFRADO AMERICANO: G – Am – Bm – C – D – Em – F#° - G.

CÍRCULO ARMÓNICO RE MAYOR

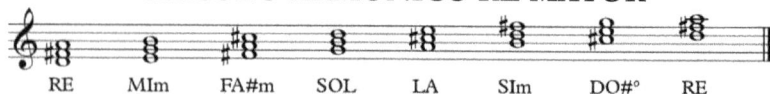

RE   MIm   FA#m   SOL   LA   SIm   DO#°   RE

La escala de RE mayor es: Re – Mi – Fa# - Sol – La – Si – Do# - Re.
Regla círculo armónico mayor: Mayor, menor, menor, mayor, mayor, menor,
disminuido, mayor.

PASO A PASO:
1. El primer grado es RE MAYOR.
2. El segundo grado es MI MENOR.
3. El tercer grado es FA# MENOR.
4. El cuarto grado es SOL MAYOR.
5. El quinto grado es LA MAYOR.
6. El sexto grado es SI MENOR.
7. El séptimo grado es DO# DISMINUIDO.
8. El octavo grado es RE MAYOR.

El círculo armónico de RE MAYOR ES: RE MAYOR, MI MENOR,
FA# MENOR, SOL MAYOR, LA MAYOR, SI MENOR, DO#
DISMINUIDO, RE MAYOR.

CIFRADO AMERICANO: D – Em – F#m – G – A – Bm – C#° - D.

CÍRCULO ARMÓNICO LA MAYOR

LA   SIm   DO#m   RE   MI   FA#m   SOL#°   LA

La escala de LA mayor es: La – Si – Do# - Re – Mi – Fa# - Sol# - La.
Regla círculo armónico mayor: Mayor, menor, menor, mayor, mayor, menor,
disminuido, mayor.

PASO A PASO:
1. El primer grado es LA MAYOR.
2. El segundo grado es SI MENOR.
3. El tercer grado es DO# MENOR.

4. El cuarto grado es RE MAYOR.
5. El quinto grado es MI MAYOR.
6. El sexto grado es FA♯ MENOR.
7. El séptimo grado es SOL♯ DISMINUIDO.
8. El octavo grado es LA MAYOR.

El círculo armónico de LA MAYOR ES: LA MAYOR, SI MENOR, DO♯ MENOR, RE MAYOR, MI MAYOR, FA♯ MENOR, SOL♯ DISMINUIDO, LA MAYOR.

CIFRADO AMERICANO: A – Bm – C♯m – D – E – F♯m – G♯° - A.

CÍRCULO ARMÓNICO MI MAYOR

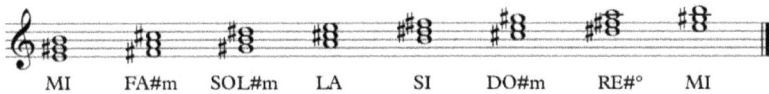

| MI | FA#m | SOL#m | LA | SI | DO#m | RE#° | MI |

La escala de MI mayor es: Mi – Fa♯ – Sol♯ - La - Si – Do♯ - Re♯ - Mi.
Regla círculo armónico mayor: Mayor, menor, menor, mayor, mayor, menor, disminuido, mayor.

PASO A PASO:
1. El primer grado es MI MAYOR.
2. El segundo grado es FA♯ MENOR.
3. El tercer grado es SOL♯ MENOR.
4. El cuarto grado es LA MAYOR.
5. El quinto grado es SI MAYOR.
6. El sexto grado es DO♯ MENOR.
7. El séptimo grado es RE♯ DISMINUIDO.
8. El octavo grado es MI MAYOR.

El círculo armónico de MI MAYOR ES: MI MAYOR, FA♯ MENOR, SOL♯ MENOR, LA MAYOR, SI MAYOR, DO♯ MENOR, RE♯ DISMINUIDO, MI MAYOR.

CIFRADO AMERICANO: E – F♯m – G♯m – A – B – C♯m – D♯° - E.

CÍRCULO ARMÓNICO SI MAYOR

SI | DO#m | RE#m | MI | FA# | SOL#m | LA#° | SI

La escala de SI mayor es: Si – Do# - Re# - Mi – Fa# - Sol# - La# - Si.
Regla círculo armónico mayor: Mayor, menor, menor, mayor, mayor, menor,
disminuido, mayor.

PASO A PASO:
1. El primer grado es SI MAYOR.
2. El segundo grado es DO# MENOR.
3. El tercer grado es RE# MENOR.
4. El cuarto grado es MI MAYOR.
5. El quinto grado es FA# MAYOR.
6. El sexto grado es SOL# MENOR.
7. El séptimo grado es LA# DISMINUIDO.
8. El octavo grado es SI MAYOR.

El círculo armónico de SI MAYOR ES: SI MAYOR, DO# MENOR, RE# MENOR, MI MAYOR, FA# MAYOR, SOL# MENOR, LA# DISMINUIDO, SI MAYOR.

CIFRADO AMERICANO: B – C#m – D#m – E – F# - G#m – A#° - B.

CÍRCULO ARMÓNICO FA SOSTENIDO MAYOR

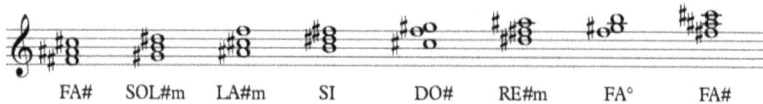

FA# | SOL#m | LA#m | SI | DO# | RE#m | FA° | FA#

La escala de FA# mayor es: Fa# – Sol# - La# - Si – Do# - Re# - Fa – Fa#.
Regla círculo armónico mayor: Mayor, menor, menor, mayor, mayor, menor,
disminuido, mayor.

PASO A PASO:
1. El primer grado es FA# MAYOR.

2. El segundo grado es SOL# MENOR.
3. El tercer grado es LA# MENOR.
4. El cuarto grado es SI MAYOR.
5. El quinto grado es DO# MAYOR.
6. El sexto grado es RE# MENOR.
7. El séptimo grado es FA DISMINUIDO.
8. El octavo grado es FA# MAYOR.

El círculo armónico de FA# MAYOR ES: FA# MAYOR, SOL# MENOR, LA# MENOR, SI MAYOR, DO# MAYOR, RE# MENOR, FA DISMINUIDO, FA# MAYOR.

CIFRADO AMERICANO: F# - G#m – A#m – B – C# - D#m – F° - F#.

CÍRCULO ARMÓNICO RE BEMOL MAYOR

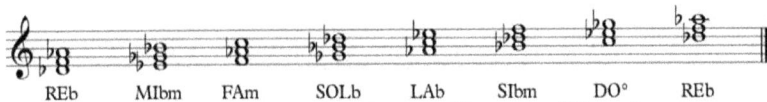

REb   MIbm   FAm   SOLb   LAb   SIbm   DO°   REb

La escala de REb mayor es: Reb – Mib – Fa – Solb – Lab – Sib – Do – Reb. Regla círculo armónico mayor: Mayor, menor, menor, mayor, mayor, menor, disminuido, mayor.

PASO A PASO:
1. El primer grado es REb MAYOR.
2. El segundo grado es MIb MENOR.
3. El tercer grado es FA MENOR.
4. El cuarto grado es SOLb MAYOR.
5. El quinto grado es LAb MAYOR.
6. El sexto grado es SIb MENOR.
7. El séptimo grado es DO DISMINUIDO.
8. El octavo grado es REb MAYOR.

El círculo armónico de RE♭ MAYOR ES: RE♭ MAYOR, MI♭ MENOR, FA MENOR, SOL♭ MAYOR, LA♭ MAYOR, SI♭ MENOR, DO DISMINUIDO, RE♭ MAYOR.

CIFRADO AMERICANO: Db – Ebm – Fm – Gb – Ab – Bbm – C° - Db.

CÍRCULO ARMÓNICO LA BEMOL MAYOR

LAb   SIbm   DOm   REb   MIb   FAm   SOL°   LAb

La escala de LAb mayor es: Lab – Sib – Do – Reb – Mib – Fa – Sol – Lab. Regla círculo armónico mayor: Mayor, menor, menor, mayor, mayor, menor, disminuido, mayor.

PASO A PASO:
1. El primer grado es LA♭ MAYOR.
2. El segundo grado es SI♭ MENOR.
3. El tercer grado es DO MENOR.
4. El cuarto grado es RE♭ MAYOR.
5. El quinto grado es MI♭ MAYOR.
6. El sexto grado es FA MENOR.
7. El séptimo grado es SOL DISMINUIDO.
8. El octavo grado es LA♭ MAYOR.

El círculo armónico de LA♭ MAYOR ES: LA♭ MAYOR, SI♭ MENOR, DO MENOR, RE♭ MAYOR, MI♭ MAYOR, FA MENOR, SOL DISMINUIDO, LA♭ MAYOR.

CIFRADO AMERICANO: Ab – Bbm – Cm – Db – Eb – Fm – G° - Ab.

CÍRCULO ARMÓNICO MI BEMOL MAYOR

MIb   FAm   SOLm   LAb   SIb   DOm   RE°   MIb

La escala de MIb mayor es: Mib – Fa – Sol – Lab – Sib – Do – Re – Mib.
Regla círculo armónico mayor: Mayor, menor, menor, mayor, mayor, menor, disminuido, mayor.

PASO A PASO:

1. El primer grado es MIb MAYOR.
2. El segundo grado es FA MENOR.
3. El tercer grado es SOL MENOR.
4. El cuarto grado es LAb MAYOR.
5. El quinto grado es SIb MAYOR.
6. El sexto grado es DO MENOR.
7. El séptimo grado es RE DISMINUIDO.
8. El octavo grado es MIb MAYOR.

El círculo armónico de MIb MAYOR ES: MIb MAYOR, FA MENOR, SOL MENOR, LAb MAYOR, SIb MAYOR, DO MENOR, RE DISMINUIDO, MIb MAYOR.

CIFRADO AMERICANO: Eb – Fm – Gm – Ab – Bb – Cm – D° - Eb.

CÍRCULO ARMÓNICO SI BEMOL MAYOR

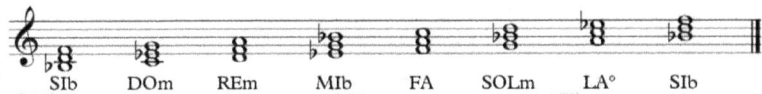

| SIb | DOm | REm | MIb | FA | SOLm | LA° | SIb |

La escala de SIb mayor es: Sib – Do – Re – Mib – Fa – Sol – La – Sib.
Regla círculo armónico mayor: Mayor, menor, menor, mayor, mayor, menor, disminuido, mayor.

PASO A PASO:

1. El primer grado es SIb MAYOR.
2. El segundo grado es DO MENOR.
3. El tercer grado es RE MENOR.
4. El cuarto grado es MIb MAYOR.
5. El quinto grado es FA MAYOR.
6. El sexto grado es SOL MENOR.
7. El séptimo grado es LA DISMINUIDO.

8. El octavo grado es SIb MAYOR.

El círculo armónico de SIb MAYOR ES: SIb MAYOR, DO MENOR, RE MENOR, MIb MAYOR, FA MAYOR, SOL MENOR, LA DISMINUIDO, SIb MAYOR.

CIFRADO AMERICANO: Bb – Cm – Dm – Eb – F – Gm – A° - Bb.

CÍRCULO ARMÓNICO FA MAYOR

FA   SOLm   LAm   SIb   DO   REm   MI°   FA

La escala de FA mayor es: Fa – Sol – La – Sib - Do – Re – Mi – Fa.
Regla círculo armónico mayor: Mayor, menor, menor, mayor, mayor, menor, disminuido, mayor.

PASO A PASO:
1. El primer grado es FA MAYOR.
2. El segundo grado es SOL MENOR.
3. El tercer grado es LA MENOR.
4. El cuarto grado es SIb MAYOR.
5. El quinto grado es DO MAYOR.
6. El sexto grado es RE MENOR.
7. El séptimo grado es MI DISMINUIDO.
8. El octavo grado es FA MAYOR.

El círculo armónico de FA MAYOR ES: FA MAYOR, SOL MENOR, LA MENOR, SIb MAYOR, DO MAYOR, RE MENOR, MI DISMINUIDO, FA MAYOR.

CIFRADO AMERICANO: F – Gm – Am – Bb – C – Dm – E° - F.

CÍRCULO ARMÓNICO MENOR NATURAL

El círculo armónico menor natural, tiene como base para su construcción, la escala menor natural. Su regla es la siguiente:

- El primer grado es menor.
- El segundo grado es disminuido.
- El tercer grado es mayor.
- El cuarto grado es menor.
- El quinto grado es menor.
- El sexto grado es mayor.
- El séptimo grado es mayor.
- El octavo grado es menor.

CÍRCULO ARMÓNICO LA MENOR NATURAL

| LAm | SI° | DO | REm | MIm | FA | SOL | LAm |

La escala de LA menor es: La – Si – Do – Re – Mi – Fa – Sol – La.
Regla círculo armónico menor natural: Menor, disminuido, mayor, menor, menor, mayor, mayor, menor.

PASO A PASO:
1. El primer grado es LA MENOR.
2. El segundo grado es SI DISMINUIDO.
3. El tercer grado es DO MAYOR.

4. El cuarto grado es RE MENOR.
5. El quinto grado es MI MENOR.
6. El sexto grado es FA MAYOR.
7. El séptimo grado es SOL MAYOR.
8. El octavo grado es LA MENOR.

El círculo armónico de LA MENOR NATURAL ES: LA MENOR, SI DISMINUIDO, DO MAYOR, RE MENOR, MI MENOR, FA MAYOR, SOL MAYOR, LA MENOR.

CIFRADO AMERICANO: Am – B° - C – Dm – Em – F – G – Am.

CÍRCULO ARMÓNICO RE MENOR NATURAL

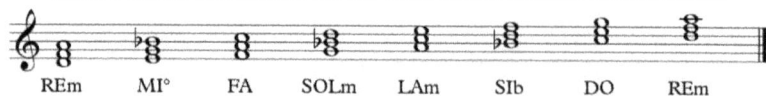

| REm | MI° | FA | SOLm | LAm | SIb | DO | REm |

La escala de RE menor es: Re – Mi - Fa – Sol – La – Sib – Do – Re.
Regla círculo armónico menor natural: Menor, disminuido, mayor, menor, menor, mayor, mayor, menor.

PASO A PASO:
1. El primer grado es RE MENOR.
2. El segundo grado es MI DISMINUIDO.
3. El tercer grado es FA MAYOR.
4. El cuarto grado es SOL MENOR.
5. El quinto grado es LA MENOR.
6. El sexto grado es SIb MAYOR.
7. El séptimo grado es DO MAYOR.
8. El octavo grado es RE MENOR.

El círculo armónico de RE MENOR NATURAL ES: RE MENOR, MI DISMINUIDO, FA MAYOR, SOL MENOR, LA MENOR, SIb MAYOR, DO MAYOR, RE MENOR.

CIFRADO AMERICANO: Dm – E° - F – Gm – Am – Bb – C – Dm.

CÍRCULO ARMÓNICO SOL MENOR NATURAL

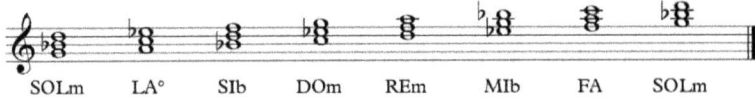

| SOLm | LA° | SIb | DOm | REm | MIb | FA | SOLm |

La escala de SOL menor es: Sol – La – Sib – Do – Re – Mib – Fa – Sol.
Regla círculo armónico menor natural: Menor, disminuido, mayor, menor, menor, mayor, mayor, menor.

PASO A PASO:
1. El primer grado es SOL MENOR.
2. El segundo grado es LA DISMINUIDO.
3. El tercer grado es SIb MAYOR.
4. El cuarto grado es DO MENOR.
5. El quinto grado es RE MENOR.
6. El sexto grado es MIb MAYOR.
7. El séptimo grado es FA MAYOR.
8. El octavo grado es SOL MENOR.

El círculo armónico de SOL MENOR NATURAL ES: SOL MENOR, LA DISMINUIDO, SIb MAYOR, DO MENOR, RE MENOR, MIb MAYOR, FA MAYOR, SOL MENOR.

CIFRADO AMERICANO: Gm – A° - Bb – Cm – Dm – Eb – F – Gm.

CÍRCULO ARMÓNICO DO MENOR NATURAL

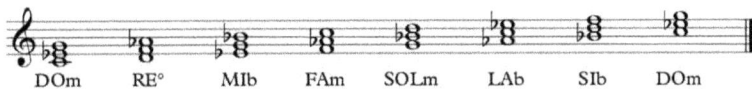

| DOm | RE° | MIb | FAm | SOLm | LAb | SIb | DOm |

La escala de DO menor es: Do - Re – Mib – Fa – Sol – Lab – Sib – Do.
Regla círculo armónico menor natural: Menor, disminuido, mayor, menor, menor, mayor, mayor, menor.

PASO A PASO:
1. El primer grado es DO MENOR.
2. El segundo grado es RE DISMINUIDO.
3. El tercer grado es MIb MAYOR.

4. El cuarto grado es FA MENOR.
5. El quinto grado es SOL MENOR.
6. El sexto grado es LAb MAYOR.
7. El séptimo grado es SIb MAYOR.
8. El octavo grado es DO MENOR.

El círculo armónico de DO MENOR NATURAL ES: DO MENOR, RE DISMINUIDO, MIb MAYOR, FA MENOR, SOL MENOR, LAb MAYOR, SIb MAYOR, DO MENOR.

CIFRADO AMERICANO: Cm – D° - Eb – Fm – Gm – Ab – Bb – Cm.

CÍRCULO ARMÓNICO FA MENOR NATURAL

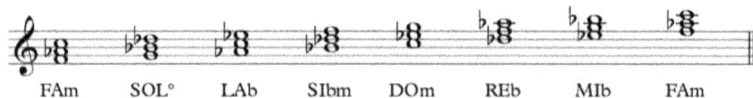

FAm · SOL° · LAb · SIbm · DOm · REb · MIb · FAm

La escala de FA menor es: Fa – Sol – Lab – Sib – Do – Reb – Mib – Fa.
Regla círculo armónico menor natural: Menor, disminuido, mayor, menor, menor, mayor, mayor, menor.

PASO A PASO:
1. El primer grado es FA MENOR.
2. El segundo grado es SOL DISMINUIDO.
3. El tercer grado es LAb MAYOR.
4. El cuarto grado es SIb MENOR.
5. El quinto grado es DO MENOR.
6. El sexto grado es REb MAYOR.
7. El séptimo grado es MIb MAYOR.
8. El octavo grado es FA MENOR.

El círculo armónico de FA MENOR NATURAL ES: FA MENOR, SOL DISMINUIDO, LAb MAYOR, SIb MENOR, DO MENOR, REb MAYOR, MIb MAYOR, FA MENOR.

CIFRADO AMERICANO: Fm – G° - Ab – Bbm – Cm – Db – Eb – Fm.

CÍRCULO ARMÓNICO SI BEMOL MENOR NATURAL

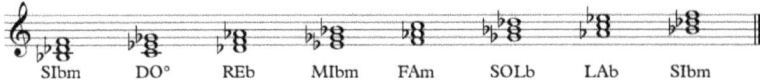

SIbm · DO° · REb · MIbm · FAm · SOLb · LAb · SIbm

La escala de SIb menor es: Sib – Do – Reb – Mib – Fa – Solb – Lab – Sib.
Regla círculo armónico menor natural: Menor, disminuido, mayor, menor, menor, mayor, mayor, menor.

PASO A PASO:

1. El primer grado es SIb MENOR.
2. El segundo grado es DO DISMINUIDO.
3. El tercer grado es REb MAYOR.
4. El cuarto grado es MIb MENOR.
5. El quinto grado es FA MENOR.
6. El sexto grado es SOLb MAYOR.
7. El séptimo grado es LAb MAYOR.
8. El octavo grado es SIb MENOR.

El círculo armónico de SIb MENOR NATURAL ES: SIb MENOR, DO DISMINUIDO, REb MAYOR, MIb MENOR, FA MENOR, SOLb MAYOR, LAb MAYOR, SIb MENOR.

CIFRADO AMERICANO: Bbm – C° - Db – Ebm – Fm – Gb – Ab – Bbm.

CÍRCULO ARMÓNICO MI BEMOL MENOR NATURAL

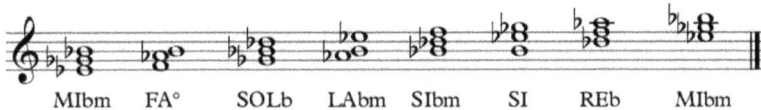

MIbm · FA° · SOLb · LAbm · SIbm · SI · REb · MIbm

La escala de MIb menor es: Mib – Fa – Solb – Lab – Sib – Si – Reb – Mib.
Regla círculo armónico menor natural: Menor, disminuido, mayor, menor, menor, mayor, mayor, menor.

PASO A PASO:

1. El primer grado es MIb MENOR.

2. El segundo grado es FA DISMINUIDO.
3. El tercer grado es SOL♭ MAYOR.
4. El cuarto grado es LA♭ MENOR.
5. El quinto grado es SI♭ MENOR.
6. El sexto grado es SI MAYOR.
7. El séptimo grado es RE♭ MAYOR.
8. El octavo grado es MI♭ MENOR.

El círculo armónico de MI♭ MENOR NATURAL ES: MI♭ MENOR, FA DISMINUIDO, SOL♭ MAYOR, LA♭ MENOR, SI♭ MENOR, SI MAYOR, RE♭ MAYOR, MI♭ MENOR.

CIFRADO AMERICANO: Ebm – F° - Gb – Abm – Bbm – B – Db – Ebm.

CÍRCULO ARMÓNICO SOL SOSTENIDO MENOR NATURAL

SOL#m   LA#°   SI   DO#m   RE#m   MI   FA#   SOL#m

La escala de SOL♯ menor es: Sol♯ – La♯ - Si – Do♯ – Re♯ – Mi – Fa♯ – Sol♯.
Regla círculo armónico menor natural: Menor, disminuido, mayor, menor, menor, mayor, mayor, menor.

PASO A PASO:
1. El primer grado es SOL♯ MENOR.
2. El segundo grado es LA♯ DISMINUIDO.
3. El tercer grado es SI MAYOR.
4. El cuarto grado es DO♯ MENOR.
5. El quinto grado es RE♯ MENOR.
6. El sexto grado es MI MAYOR.
7. El séptimo grado es FA♯ MAYOR.
8. El octavo grado es SOL♯ MENOR.

El círculo armónico de SOL# MENOR NATURAL ES: SOL#
MENOR, LA# DISMINUIDO, SI MAYOR, DO# MENOR, RE#
MENOR, MI MAYOR, FA# MAYOR, SOL# MENOR.

CIFRADO AMERICANO: G#m – A#° - B – C#m – D#m – E – F# -
G#m.

CÍRCULO ARMÓNICO DO SOSTENIDO MENOR NATURAL

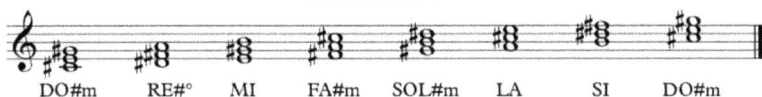

DO#m   RE#°   MI   FA#m   SOL#m   LA   SI   DO#m

La escala de DO# menor es: Do# - Re# – Mi – Fa# – Sol# – La – Si - Do#.
Regla círculo armónico menor natural: Menor, disminuido, mayor, menor, menor,
mayor, mayor, menor.

PASO A PASO:
1. El primer grado es DO# MENOR.
2. El segundo grado es RE# DISMINUIDO.
3. El tercer grado es MI MAYOR.
4. El cuarto grado es FA# MENOR.
5. El quinto grado es SOL# MENOR.
6. El sexto grado es LA MAYOR.
7. El séptimo grado es SI MAYOR.
8. El octavo grado es DO# MENOR.

El círculo armónico de DO# MENOR NATURAL ES: DO#
MENOR, RE# DISMINUIDO, MI MAYOR, FA# MENOR, SOL#
MENOR, LA MAYOR, SI MAYOR, DO# MENOR.

CIFRADO AMERICANO: C#m – D#° - E – F#m – G#m – A – B –
C#m.

CÍRCULO ARMÓNICO FA SOSTENIDO MENOR NATURAL

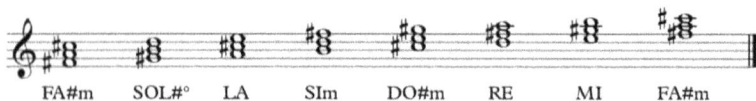

| FA#m | SOL#° | LA | SIm | DO#m | RE | MI | FA#m |

La escala de FA# menor es: Fa# - Sol# - La – Si – Do# - Re – Mi – Fa#.
Regla círculo armónico menor natural: Menor, disminuido, mayor, menor, menor, mayor, mayor, menor.

PASO A PASO:

1. El primer grado es FA# MENOR.
2. El segundo grado es SOL# DISMINUIDO.
3. El tercer grado es LA MAYOR.
4. El cuarto grado es SI MENOR.
5. El quinto grado es DO# MENOR.
6. El sexto grado es RE MAYOR.
7. El séptimo grado es MI MAYOR.
8. El octavo grado es FA# MENOR.

El círculo armónico de FA# MENOR NATURAL ES: FA# MENOR, SOL# DISMINUIDO, LA MAYOR, SI MENOR, DO# MENOR, RE MAYOR, MI MAYOR, FA# MENOR.

CIFRADO AMERICANO: F#m – G#° - A – Bm – C#m – D – E – F#m.

CÍRCULO ARMÓNICO SI MENOR NATURAL

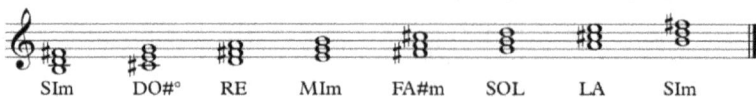

| SIm | DO#° | RE | MIm | FA#m | SOL | LA | SIm |

La escala de SI menor es: Si – Do# - Re – Mi – Fa# - Sol – La – Si.
Regla círculo armónico menor natural: Menor, disminuido, mayor, menor, menor, mayor, mayor, menor.

PASO A PASO:
1. El primer grado es SI MENOR.

2. El segundo grado es DO# DISMINUIDO.
3. El tercer grado es RE MAYOR.
4. El cuarto grado es MI MENOR.
5. El quinto grado es FA# MENOR.
6. El sexto grado es SOL MAYOR.
7. El séptimo grado es LA MAYOR.
8. El octavo grado es SI MENOR.

El círculo armónico de SI MENOR NATURAL ES: SI MENOR, DO# DISMINUIDO, RE MAYOR, MI MENOR, FA# MENOR, SOL MAYOR, LA MAYOR, SI MENOR.

CIFRADO AMERICANO: Bm – C#° - D – Em – F#m – G – A – Bm.

CÍRCULO ARMÓNICO MI MENOR NATURAL

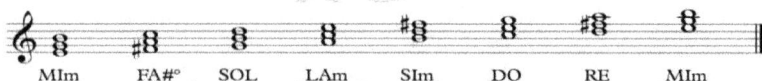

MIm   FA#°   SOL   LAm   SIm   DO   RE   MIm

La escala de MI menor es: Mi – Fa# - Sol - La – Si – Do – Re – Mi.
Regla círculo armónico menor natural: Menor, disminuido, mayor, menor, menor, mayor, mayor, menor.

PASO A PASO:
1. El primer grado es MI MENOR.
2. El segundo grado es FA# DISMINUIDO.
3. El tercer grado es SOL MAYOR.
4. El cuarto grado es LA MENOR.
5. El quinto grado es SI MENOR.
6. El sexto grado es DO MAYOR.
7. El séptimo grado es RE MAYOR.
8. El octavo grado es MI MENOR.

El círculo armónico de MI MENOR NATURAL ES: MI MENOR, FA# DISMINUIDO, SOL MAYOR, LA MENOR, SI MENOR, DO MAYOR, RE MAYOR, MI MENOR.

CIFRADO AMERICANO: Em – F#° - G – Am – Bm – C – D – Em.

137

CÍRCULO ARMÓNICO MENOR ARMÓNICA

El círculo armónico menor armónica, se construye teniendo como base la escala menor armónica. La regla es la siguiente:

- El primer grado es menor.
- El segundo grado es disminuido.
- El tercer grado es aumentado.
- El cuarto grado es menor.
- El quinto grado es mayor.
- El sexto grado es mayor.
- El séptimo grado es disminuido.
- El octavo grado es menor.

CÍRCULO ARMÓNICO LA MENOR ARMÓNICA

| LAm | SI° | DO+ | REm | MI | FA | SOL#° | LAm |

La escala de LA menor armónica es: La – Si – Do – Re – Mi – Fa – Sol# - La.

Regla círculo menor armónica: Menor, disminuido, aumentado, menor, mayor, mayor, disminuido, menor.

PASO A PASO:
1. El primer grado es LA MENOR.
2. El segundo grado es SI DISMINUIDO.

3. El tercer grado es DO AUMENTADO.
4. El cuarto grado es RE MENOR.
5. El quinto grado es MI MAYOR.
6. El sexto grado es FA MAYOR.
7. El séptimo grado es SOL♯ DISMINUIDO.
8. El octavo grado es LA MENOR.

El círculo armónico de LA MENOR ARMÓNICA ES: LA MENOR, SI DISMINUIDO, DO AUMENTADO, RE MENOR, MI MAYOR, FA MAYOR, SOL♯ DISMINUIDO, LA MENOR.

CIFRADO AMERICANO: Am – B° - C+ - Dm – E – F – G♯° - Am.

CÍRCULO ARMÓNICO RE MENOR ARMÓNICA

REm   MI°   FA+   SOLm   LA   SIb   REb°   REm

La escala de RE menor armónica es: Re – Mi - Fa – Sol – La – Sib – Reb – Re.
Regla círculo menor armónica: Menor, disminuido, aumentado, menor, mayor, mayor, disminuido, menor.

PASO A PASO:
1. El primer grado es RE MENOR.
2. El segundo grado es MI DISMINUIDO.
3. El tercer grado es FA AUMENTADO.
4. El cuarto grado es SOL MENOR.
5. El quinto grado es LA MAYOR.
6. El sexto grado es SIb MAYOR.
7. El séptimo grado es REb DISMINUIDO.
8. El octavo grado es RE MENOR.

El círculo armónico de RE MENOR ARMÓNICA ES: RE MENOR, MI DISMINUIDO, FA AUMENTADO, SOL MENOR, LA MAYOR, SIb MAYOR, REb DISMINUIDO, RE MENOR.

CIFRADO AMERICANO: Dm – E° - F+ - Gm – A – Bb – Db° - Dm.

CÍRCULO ARMÓNICO SOL MENOR ARMÓNICA

SOLm   LA°   SIb+   DOm   RE   MIb   SOLb°   SOLm

La escala de SOL menor armónica es: Sol – La – Sib – Do – Re – Mib – Solb – Sol.

Regla círculo menor armónica: Menor, disminuido, aumentado, menor, mayor, mayor, disminuido, menor.

PASO A PASO:

1. El primer grado es SOL MENOR.
2. El segundo grado es LA DISMINUIDO.
3. El tercer grado es SIb AUMENTADO.
4. El cuarto grado es DO MENOR.
5. El quinto grado es RE MAYOR.
6. El sexto grado es MIb MAYOR.
7. El séptimo grado es SOLb DISMINUIDO.
8. El octavo grado es SOL MENOR.

El círculo armónico de SOL MENOR ARMÓNICA ES: SOL MENOR, LA DISMINUIDO, SIb AUMENTADO, DO MENOR, RE MAYOR, MIb MAYOR, SOLb DISMINUIDO, SOL MENOR.

CIFRADO AMERICANO: Gm – A° - Bb+ - Cm – D – Eb – Gb° - Gm.

CÍRCULO ARMÓNICO DO MENOR ARMÓNICA

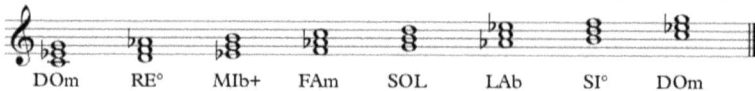

DOm   RE°   MIb+   FAm   SOL   LAb   SI°   DOm

La escala de DO menor armónica es: Do - Re – Mib – Fa – Sol – Lab – Si – Do.

Regla círculo menor armónica: Menor, disminuido, aumentado, menor, mayor, mayor, disminuido, menor.

PASO A PASO:

1. El primer grado es DO MENOR.

2. El segundo grado es RE DISMINUIDO.
3. El tercer grado es MIb AUMENTADO.
4. El cuarto grado es FA MENOR.
5. El quinto grado es SOL MAYOR.
6. El sexto grado es LAb MAYOR.
7. El séptimo grado es SI DISMINUIDO.
8. El octavo grado es DO MENOR.

El círculo armónico de DO MENOR ARMÓNICA ES: DO MENOR, RE DISMINUIDO, MIb AUMENTADO, FA MENOR, SOL MAYOR, LAb MAYOR, SI DISMINUIDO, DO MENOR.

CIFRADO AMERICANO: Cm – D° - Eb+ - Fm – G – Ab – B° - Cm.

CÍRCULO ARMÓNICO FA MENOR ARMÓNICA

FAm   SOL°   LAb+   SIbm   DO   REb   MI°   FAm

La escala de FA menor armónica es: Fa – Sol – Lab – Sib – Do – Reb – Mi – Fa.
Regla círculo menor armónica: Menor, disminuido, aumentado, menor, mayor, mayor, disminuido, menor.

PASO A PASO:
1. El primer grado es FA MENOR.
2. El segundo grado es SOL DISMINUIDO.
3. El tercer grado es LAb AUMENTADO.
4. El cuarto grado es SIb MENOR.
5. El quinto grado es DO MAYOR.
6. El sexto grado es REb MAYOR.
7. El séptimo grado es MI DISMINUIDO.
8. El octavo grado es FA MENOR.

El círculo armónico de FA MENOR ARMÓNICA ES: FA MENOR, SOL DISMINUIDO, LAb AUMENTADO, SIb MENOR, DO MAYOR, REb MAYOR, MI DISMINUIDO, FA MENOR.

CIFRADO AMERICANO: Fm – G° - Ab+ - Bbm – C – Db – E° - Fm.

CÍRCULO ARMÓNICO SI BEMOL MENOR ARMÓNICA

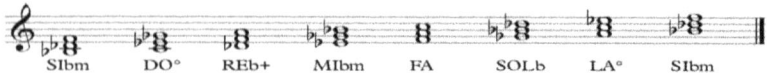

La escala de SIb menor armónica es: Sib – Do – Reb – Mib – Fa – Solb – La - Sib.

Regla círculo menor armónica: Menor, disminuido, aumentado, menor, mayor, mayor, disminuido, menor.

PASO A PASO:
1. El primer grado es SIb MENOR.
2. El segundo grado es DO DISMINUIDO.
3. El tercer grado es REb AUMENTADO.
4. El cuarto grado es MIb MENOR.
5. El quinto grado es FA MAYOR.
6. El sexto grado es SOLb MAYOR.
7. El séptimo grado es LA DISMINUIDO.
8. El octavo grado es SIb MENOR.

El círculo armónico de SIb MENOR ARMÓNICA ES: SIb MENOR, DO DISMINUIDO, REb AUMENTADO, MIb MENOR, FA MAYOR, SOLb MAYOR, LA DISMINUIDO, SIb MENOR.

CIFRADO AMERICANO: Bbm – C° - Db+ - Ebm – F – Gb – A° - Bbm.

CÍRCULO ARMÓNICO MI BEMOL MENOR ARMÓNICA

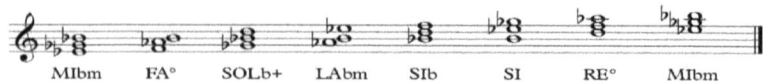

La escala de MIb menor armónica es: Mib – Fa – Solb – Lab – Sib – Si – Re - Mib.

Regla círculo menor armónica: Menor, disminuido, aumentado, menor, mayor, mayor, disminuido, menor.

PASO A PASO:

1. El primer grado es MIb MENOR.
2. El segundo grado es FA DISMINUIDO.
3. El tercer grado es SOLb AUMENTADO.
4. El cuarto grado es LAb MENOR.
5. El quinto grado es SIb MAYOR.
6. El sexto grado es SI MAYOR.
7. El séptimo grado es RE DISMINUIDO.
8. El octavo grado es MIb MENOR.

El círculo armónico de MIb MENOR ARMÓNICA ES: MIb MENOR, FA DISMINUIDO, SOLb AUMENTADO, LAb MENOR, SIb MAYOR, SI MAYOR, RE DISMINUIDO, MIb MENOR.

CIFRADO AMERICANO: Ebm – F° - Gb+ - Abm – Bb – B – D° - Ebm.

CÍRCULO ARMÓNICO SOL SOSTENIDO MENOR ARMÓNICA

SOL#m   LA#°   SI+   DO#m   RE#   MI   SOL°   SOL#m

La escala de SOL♯ menor armónica es: Sol♯ – La♯ - Si – Do♯ – Re♯ – Mi – Sol – Sol♯. Regla círculo menor armónica: Menor, disminuido, aumentado, menor, mayor, mayor, disminuido, menor.

PASO A PASO:

1. El primer grado es SOL♯ MENOR.
2. El segundo grado es LA♯ DISMINUIDO.
3. El tercer grado es SI AUMENTADO.
4. El cuarto grado es DO♯ MENOR.
5. El quinto grado es RE♯ MAYOR.

6. El sexto grado es MI MAYOR.
7. El séptimo grado es SOL DISMINUIDO.
8. El octavo grado es SOL# MENOR.

El círculo armónico de SOL# MENOR ARMÓNICA ES: SOL# MENOR, LA# DISMINUIDO, SI AUMENTADO, DO# MENOR, RE# MAYOR, MI MAYOR, SOL DISMINUIDO, SOL# MENOR.

CIFRADO AMERICANO: G#m – A#° - B+ - C#m – D# – E – G° - G#m.

CÍRCULO ARMÓNICO DO SOSTENIDO MENOR ARMÓNICA

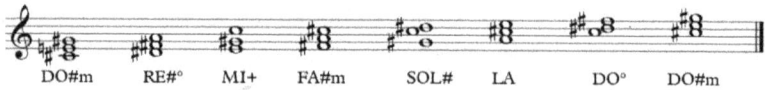

| DO#m | RE#° | MI+ | FA#m | SOL# | LA | DO° | DO#m |

La escala de DO# menor armónica es: Do# - Re# – Mi – Fa# – Sol# – La – Do - Do#.
Regla círculo menor armónica: Menor, disminuido, aumentado, menor, mayor, mayor, disminuido, menor.

PASO A PASO:
1. El primer grado es DO# MENOR.
2. El segundo grado es RE# DISMINUIDO.
3. El tercer grado es MI AUMENTADO.
4. El cuarto grado es FA# MENOR.
5. El quinto grado es SOL# MAYOR.
6. El sexto grado es LA MAYOR.
7. El séptimo grado es DO DISMINUIDO.
8. El octavo grado es DO# MENOR.

El círculo armónico de DO# MENOR ARMÓNICA ES: DO# MENOR, RE# DISMINUIDO, MI AUMENTADO, FA# MENOR, SOL# MAYOR, LA MAYOR, DO DISMINUIDO, DO# MENOR.

CÍRCULO ARMÓNICO FA SOSTENIDO MENOR ARMÓNICA

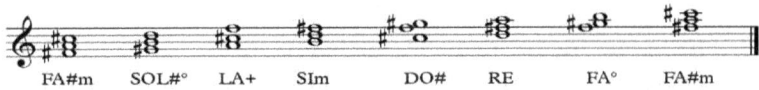

FA#m   SOL#°   LA+   SIm   DO#   RE   FA°   FA#m

La escala de FA# menor armónica es: Fa# - Sol# - La – Si – Do# - Re – Fa – Fa#.

Regla círculo menor armónica: Menor, disminuido, aumentado, menor, mayor, mayor, disminuido, menor.

PASO A PASO:

1. El primer grado es FA# MENOR.
2. El segundo grado es SOL# DISMINUIDO.
3. El tercer grado es LA AUMENTADO.
4. El cuarto grado es SI MENOR.
5. El quinto grado es DO# MAYOR.
6. El sexto grado es RE MAYOR.
7. El séptimo grado es FA DISMINUIDO.
8. El octavo grado es FA# MENOR.

El círculo armónico de FA# MENOR ARMÓNICA ES: FA# MENOR, SOL# DISMINUIDO, LA AUMENTADO, SI MENOR, DO# MAYOR, RE MAYOR, FA DISMINUIDO, FA# MENOR.

CIFRADO AMERICANO: F#m – G#° - A+ - Bm – C# - D – F° - F#m.

CÍRCULO ARMÓNICO SI MENOR ARMÓNICA

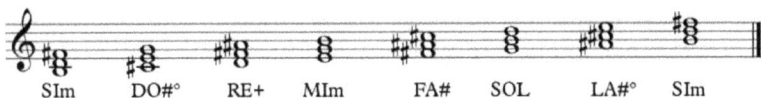

SIm   DO#°   RE+   MIm   FA#   SOL   LA#°   SIm

La escala de SI menor armónica es: Si – Do# - Re – Mi – Fa# - Sol – La# - Si.

Regla círculo menor armónica: Menor, disminuido, aumentado, menor, mayor, mayor, disminuido, menor.

PASO A PASO:
1. El primer grado es SI MENOR.
2. El segundo grado es DO♯ DISMINUIDO.
3. El tercer grado es RE AUMENTADO.
4. El cuarto grado es MI MENOR.
5. El quinto grado es FA♯ MAYOR.
6. El sexto grado es SOL MAYOR.
7. El séptimo grado es LA♯ DISMINUIDO.
8. El octavo grado es SI MENOR.

El círculo armónico de SI MENOR ARMÓNICA ES: SI MENOR, DO♯ DISMINUIDO, RE AUMENTADO, MI MENOR, FA♯ MAYOR, SOL MAYOR, LA♯ DISMINUIDO, SI MENOR.

CIFRADO AMERICANO: Bm – C#° - D+ - Em – F# - G – A#° - Bm.

CÍRCULO ARMÓNICO MI MENOR ARMÓNICA

MIm   FA#°   SOL+   LAm   SI   DO   RE#°   MIm

La escala de MI menor armónica es: Mi – Fa♯ - Sol - La – Si – Do – Re♯ - Mi.
Regla círculo menor armónica: Menor, disminuido, aumentado, menor, mayor, mayor, disminuido, menor.

PASO A PASO:
1. El primer grado es MI MENOR.
2. El segundo grado es FA♯ DISMINUIDO.
3. El tercer grado es SOL AUMENTADO.
4. El cuarto grado es LA MENOR.
5. El quinto grado es SI MAYOR.
6. El sexto grado es DO MAYOR.
7. El séptimo grado es RE♯ DISMINUIDO.
8. El octavo grado es MI MENOR.

El círculo armónico de MI MENOR ARMÓNICA ES: MI MENOR, FA# DISMINUIDO, SOL AUMENTADO, LA MENOR, SI MAYOR, DO MAYOR, RE# DISMINUIDO, MI MENOR.

CIFRADO AMERICANO: Em – F#° - G+ - Am – B – C – D#° - Em.

CÍRCULO ARMÓNICO MENOR MELÓDICA

El círculo armónico menor melódica, tiene como base la escala menor melódica. Para construir el círculo armónico menor melódica, usaremos su respectiva escala, de manera ascendente y descendente; teniendo en cuenta que, al descender utiliza los mismos acordes del círculo armónico menor natural.

La regla ASCENDENTE es la siguiente:
- El primer grado es menor.
- El segundo grado es menor.
- El tercer grado es aumentado.
- El cuarto grado es mayor.
- El quinto grado es mayor.
- El sexto grado es disminuido.
- El séptimo grado es disminuido.
- El octavo grado es menor.

La regla DESCENDENTE es la siguiente:
- El primer grado es menor.
- El segundo grado es mayor.
- El tercer grado es mayor.
- El cuarto grado es menor.
- El quinto grado es menor.
- El sexto grado es mayor.

- El séptimo grado es disminuido.
- El octavo grado es menor.

CÍRCULO ARMÓNICO LA MENOR MELÓDICA

La escala de *LA menor melódica ascendente es: La – Si – Do – Re – Mi – Fa#* *– Sol# - La.*
Regla círculo menor melódica ascendente: Menor, menor, aumentado, mayor, mayor, *disminuido, disminuido, menor.*

PASO A PASO:
1. El primer grado es LA MENOR.
2. El segundo grado es SI MENOR.
3. El tercer grado es DO AUMENTADO.
4. El cuarto grado es RE MAYOR.
5. El quinto grado es MI MAYOR.
6. El sexto grado es FA# DISMINUIDO.
7. El séptimo grado es SOL# DISMINUIDO.
8. El octavo grado es LA MENOR.

El círculo armónico de LA MENOR MELÓDICA ES: LA MENOR, SI MENOR, DO AUMENTADO, RE MAYOR, MI MAYOR, FA# DISMINUIDO, SOL# DISMINUIDO, LA MENOR.

CIFRADO AMERICANO: Am – Bm – C+ - D – E – F#° - G#° - Am.

DESCENDIENDO

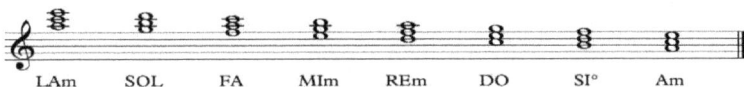

La escala de *LA menor melódica descendente es: La – Sol – Fa – Mi – Re – Do* *– Si – La.*
Regla círculo menor melódica descendente: Menor, mayor, mayor, menor, menor, *mayor, disminuido, menor.*

149

PASO A PASO:
9. El primer grado es LA MENOR.
10. El segundo grado es SOL MAYOR.
11. El tercer grado es FA MAYOR.
12. El cuarto grado es MI MENOR.
13. El quinto grado es RE MENOR.
14. El sexto grado es DO MAYOR.
15. El séptimo grado es SI DISMINUIDO.
16. El octavo grado es LA MENOR.

El círculo armónico de LA MENOR MELÓDICA DESCENDENTE ES: LA MENOR, SOL MAYOR, FA MAYOR, MI MENOR, RE MENOR, DO MAYOR, SI DISMINUIDO, LA MENOR.

CIFRADO AMERICANO: Am – G – F – Em – Dm – C – B° - Am.

CÍRCULO ARMÓNICO RE MENOR MELÓDICA

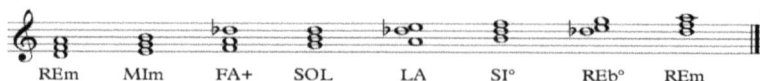

REm   MIm   FA+   SOL   LA   SI°   REb°   REm

La escala de RE menor melódica ascendente es: Re – Mi – Fa – Sol – La – Si – Reb - Re.
Regla círculo menor melódica ascendente: Menor, menor, aumentado, mayor, mayor, disminuido, disminuido, menor.

PASO A PASO:
1. El primer grado es RE MENOR.
2. El segundo grado es MI MENOR.
3. El tercer grado es FA AUMENTADO.
4. El cuarto grado es SOL MAYOR.
5. El quinto grado es LA MAYOR.
6. El sexto grado es SI DISMINUIDO.
7. El séptimo grado es REb DISMINUIDO.
8. El octavo grado es RE MENOR.

El círculo armónico de RE MENOR MELÓDICA ES: RE MENOR, MI MENOR, FA AUMENTADO, SOL MAYOR, LA MAYOR, SI DISMINUIDO, REb DISMINUIDO, RE MENOR.

CIFRADO AMERICANO: Dm – Em – F+ - G – A – B° - Db° - Dm.

DESCENDIENDO

REm   DO   SIb   LAm   SOLm   FA   MI°   REm

La escala de RE menor melódica descendente es: Re – Do – Sib – La – Sol – Fa – Mi – Re.
Regla círculo menor melódica descendente: Menor, mayor, mayor, menor, menor, mayor, disminuido, menor.

PASO A PASO:
9. El primer grado es RE MENOR.
10. El segundo grado es DO MAYOR.
11. El tercer grado es SIb MAYOR.
12. El cuarto grado es LA MENOR.
13. El quinto grado es SOL MENOR.
14. El sexto grado es FA MAYOR.
15. El séptimo grado es MI DISMINUIDO.
16. El octavo grado es RE MENOR.

El círculo armónico de RE MENOR MELÓDICA DESCENDENTE ES: RE MENOR, DO MAYOR, SIb MAYOR, LA MENOR, SOL MENOR, FA MAYOR, MI DISMINUIDO, RE MENOR.

CIFRADO AMERICANO: Dm – C – Bb - Am – Gm – F - E° - Dm.

CÍRCULO ARMÓNICO SOL MENOR MELÓDICA

SOLm   LAm   SIb+   DO   RE   MI°   SOLb°   SOLm

La escala de SOL menor melódica ascendente es: Sol – La – Sib – Do – Re – Mi – Solb – Sol.

Regla círculo menor melódica ascendente: Menor, menor, aumentado, mayor, mayor, disminuido, disminuido, menor.

PASO A PASO:
1. El primer grado es SOL MENOR.
2. El segundo grado es LA MENOR.
3. El tercer grado es SIb AUMENTADO.
4. El cuarto grado es DO MAYOR.
5. El quinto grado es RE MAYOR.
6. El sexto grado es MI DISMINUIDO.
7. El séptimo grado es SOLb DISMINUIDO.
8. El octavo grado es SOL MENOR.

El círculo armónico de SOL MENOR MELÓDICA ES: SOL MENOR, LA MENOR, SIb AUMENTADO, DO MAYOR, RE MAYOR, MI DISMINUIDO, SOLb DISMINUIDO, SOL MENOR. *CIFRADO AMERICANO: Gm – Am – Bb+ - C – D – E° - Gb° - Gm.*

DESCENDIENDO

SOLm   FA   Mib   REm   DOm   SIb   LA°   SOLm

La escala de SOL menor melódica descendente es: Sol – Fa – Mib – Re – Do – Sib – La – Sol.

Regla círculo menor melódica descendente: Menor, mayor, mayor, menor, menor, mayor, disminuido, menor.

PASO A PASO:
9. El primer grado es SOL MENOR.
10. El segundo grado es FA MAYOR.
11. El tercer grado es MIb MAYOR.
12. El cuarto grado es RE MENOR.
13. El quinto grado es DO MENOR.
14. El sexto grado es SIb MAYOR.

15. El séptimo grado es LA DISMINUIDO.
16. El octavo grado es SOL MENOR.

El círculo armónico de SOL MENOR MELÓDICA DESCENDENTE ES: SOL MENOR, FA MAYOR, MIb MAYOR, RE MENOR, DO MENOR, SIb MAYOR, LA DISMINUIDO, SOL MENOR.

CIFRADO AMERICANO: Gm – F – Eb - Dm – Cm – Bb - A° - Gm.

CÍRCULO ARMÓNICO DO MENOR MELÓDICA

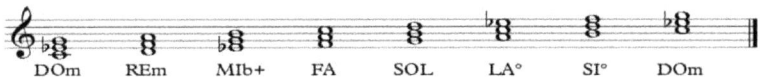

DOm   REm   MIb+   FA   SOL   LA°   SI°   DOm

La escala de DO menor melódica ascendente es: Do – Re – Mib – Fa – Sol – La – Si – Do.
Regla círculo menor melódica ascendente: Menor, menor, aumentado, mayor, mayor, disminuido, disminuido, menor.

PASO A PASO:
1. El primer grado es DO MENOR.
2. El segundo grado es RE MENOR.
3. El tercer grado es MIb AUMENTADO.
4. El cuarto grado es FA MAYOR.
5. El quinto grado es SOL MAYOR.
6. El sexto grado es LA DISMINUIDO.
7. El séptimo grado es SI DISMINUIDO.
8. El octavo grado es DO MENOR.

El círculo armónico de DO MENOR MELÓDICA ES: DO MENOR, RE MENOR, MIb AUMENTADO, FA MAYOR, SOL MAYOR, LA DISMINUIDO, SI DISMINUIDO, DO MENOR.

CIFRADO AMERICANO: Cm – Dm – Eb+ - F – G – A° - B° - Cm.

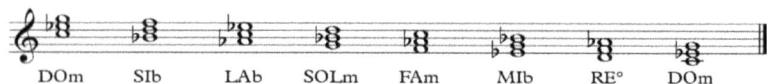

DOm   SIb   LAb   SOLm   FAm   MIb   RE°   DOm

La escala de DO menor melódica descendente es: Do – Sib - Lab – Sol – Fa – Mib – Re – Do.

Regla círculo menor melódica descendente: Menor, mayor, mayor, menor, menor, mayor, disminuido, menor

PASO A PASO:

9. El primer grado es DO MENOR.
10. El segundo grado es SIb MAYOR.
11. El tercer grado es LAb MAYOR.
12. El cuarto grado es SOL MENOR.
13. El quinto grado es FA MENOR.
14. El sexto grado es MIb MAYOR.
15. El séptimo grado es RE DISMINUIDO.
16. El octavo grado es DO MENOR.

El círculo armónico de DO MENOR MELÓDICA DESCENDENTE ES: DO MENOR, SIb MAYOR, LAb MAYOR, SOL MENOR, FA MENOR, MIb MAYOR, RE DISMINUIDO, DO MENOR.

CIFRADO AMERICANO: Cm – Bb – Ab - Gm – Fm – Eb – D° - Cm.

CÍRCULO ARMÓNICO FA MENOR MELÓDICA

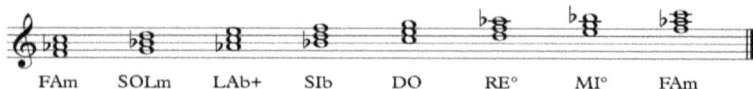

FAm   SOLm   LAb+   SIb   DO   RE°   MI°   FAm

La escala de FA menor melódica ascendente es: Fa – Sol – Lab – Sib – Do – Re – Mi – Fa.

Regla círculo menor melódica ascendente: Menor, menor, aumentado, mayor, mayor, disminuido, disminuido, menor.

PASO A PASO:

1. El primer grado es FA MENOR.

154

2. El segundo grado es SOL MENOR.
3. El tercer grado es LA♭ AUMENTADO.
4. El cuarto grado es SI♭ MAYOR.
5. El quinto grado es DO MAYOR.
6. El sexto grado es RE DISMINUIDO.
7. El séptimo grado es MI DISMINUIDO.
8. El octavo grado es FA MENOR.

El círculo armónico de FA MENOR MELÓDICA ES: FA MENOR, SOL MENOR, LA♭ AUMENTADO, SI♭ MAYOR, DO MAYOR, RE DISMINUIDO, MI DISMINUIDO, FA MENOR.

CIFRADO AMERICANO: Fm – Gm – Ab+ - Bb – C – D° - E° - Fm.

DESCENDIENDO

FAm   MI♭   RE♭   DOm   SI♭m   LA♭   SOL°   FAm

La escala de FA menor melódica descendente es: Fa – Mib - Reb – Do – Sib – Lab – Sol – Fa.
Regla círculo menor melódica descendente: Menor, mayor, mayor, menor, menor, mayor, disminuido, menor.

PASO A PASO:
9. El primer grado es FA MENOR.
10. El segundo grado es MI♭ MAYOR.
11. El tercer grado es RE♭ MAYOR.
12. El cuarto grado es DO MENOR.
13. El quinto grado es SI♭ MENOR.
14. El sexto grado es LA♭ MAYOR.
15. El séptimo grado es SOL DISMINUIDO.
16. El octavo grado es FA MENOR.

El círculo armónico de FA MENOR MELÓDICA DESCENDENTE ES: FA MENOR, MI♭ MAYOR, RE♭ MAYOR,

DO MENOR, SIb MENOR, LAb MAYOR, SOL DISMINUIDO, FA MENOR.

CIFRADO AMERICANO: Fm – Eb – Db - Cm – Bbm – Ab - G° - Fm.

CÍRCULO ARMÓNICO SI BEMOL MENOR MELÓDICA

SIbm   DOm   REb+   MIb   FA   SOL°   LA°   SIbm

La escala de SIb menor melódica ascendente es: Sib – Do – Reb – Mib – Fa – Sol – La – Sib.
Regla círculo menor melódica ascendente: Menor, menor, aumentado, mayor, mayor, disminuido, disminuido, menor.

PASO A PASO:
1. El primer grado es SIb MENOR.
2. El segundo grado es DO MENOR.
3. El tercer grado es REb AUMENTADO.
4. El cuarto grado es MIb MAYOR.
5. El quinto grado es FA MAYOR.
6. El sexto grado es SOL DISMINUIDO.
7. El séptimo grado es LA DISMINUIDO.
8. El octavo grado es SIb MENOR.

El círculo armónico de SIb MENOR MELÓDICA ES: SIb MENOR, DO MENOR, REb AUMENTADO, MIb MAYOR, FA MAYOR, SOL DISMINUIDO, LA DISMINUIDO, SIb MENOR.

CIFRADO AMERICANO: Bbm – Cm – Db+ - Eb – F – G° - A° - Bbm.

DESCENDIENDO

SIbm   LAb   SOLb   FAm   MIbm   REb   DO°   SIbm

156

La escala de SIb menor melódica descendente es: Sib – Lab - Solb – Fa – Mib – Reb – Do – Sib.
Regla círculo menor melódica descendente: Menor, mayor, mayor, menor, menor, mayor, disminuido, menor.

PASO A PASO:

9. El primer grado es SIb MENOR.
10. El segundo grado es LAb MAYOR.
11. El tercer grado es SOLb MAYOR.
12. El cuarto grado es FA MENOR.
13. El quinto grado es MIb MENOR.
14. El sexto grado es REb MAYOR.
15. El séptimo grado es DO DISMINUIDO.
16. El octavo grado es SIb MENOR.

El círculo armónico de SIb MENOR MELÓDICA DESCENDENTE ES: SIb MENOR, LAb MAYOR, SOLb MAYOR, FA MENOR, MIb MENOR, REb MAYOR, DO DISMINUIDO, SIb MENOR.

CIFRADO AMERICANO: Bbm – Ab – Gb - Fm – Ebm – Db - C° - Bbm.

CÍRCULO ARMÓNICO MI BEMOL MENOR MELÓDICA

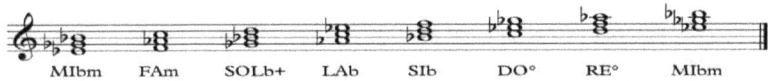

| MIbm | FAm | SOLb+ | LAb | SIb | DO° | RE° | MIbm |

La escala de MIb menor melódica ascendente es: Mib – Fa – Solb – Lab – Sib – Do – Re - Mib.
Regla círculo menor melódica ascendente: Menor, menor, aumentado, mayor, mayor, disminuido, disminuido, menor.

PASO A PASO:

1. El primer grado es MIb MENOR.
2. El segundo grado es FA MENOR.
3. El tercer grado es SOLb AUMENTADO.

4. El cuarto grado es LA♭ MAYOR.
5. El quinto grado es SI♭ MAYOR.
6. El sexto grado es DO DISMINUIDO.
7. El séptimo grado es RE DISMINUIDO.
8. El octavo grado es MI♭ MENOR.

El círculo armónico de MI♭ MENOR MELÓDICA ES: MI♭ MENOR, FA MENOR, SOL♭ AUMENTADO, LA♭ MAYOR, SI♭ MAYOR, DO DISMINUIDO, RE DISMINUIDO, MI♭ MENOR.

CIFRADO AMERICANO: Ebm – Fm – Gb+ - Ab – Bb – C° - D° - Ebm.

DESCENDIENDO

| MIbm | REb | SI | SIbm | LAbm | SOLb | FA° | MIbm |

La escala de MI♭ menor melódica descendente es: Mib – Reb - Si – Sib – Lab – Solb – Fa – Mib.
Regla círculo menor melódica descendente: Menor, mayor, mayor, menor, menor, mayor, disminuido, menor.

PASO A PASO:

9. El primer grado es MI♭ MENOR.
10. El segundo grado es RE♭ MAYOR.
11. El tercer grado es SI MAYOR.
12. El cuarto grado es SI♭ MENOR.
13. El quinto grado es LA♭ MENOR.
14. El sexto grado es SOL♭ MAYOR.
15. El séptimo grado es FA DISMINUIDO.
16. El octavo grado es MI♭ MENOR.

El círculo armónico de MI♭ MENOR MELÓDICA DESCENDENTE ES: MI♭ MENOR, RE♭ MAYOR, SI MAYOR,

SIb MENOR, LAb MENOR, SOLb MAYOR, FA DISMINUIDO, MIb MENOR.

CIFRADO AMERICANO: Ebm – Db – B – Bbm – Abm – Gb - F° - Ebm

CÍRCULO ARMÓNICO SOL SOSTENIDO MENOR
MELÓDICA

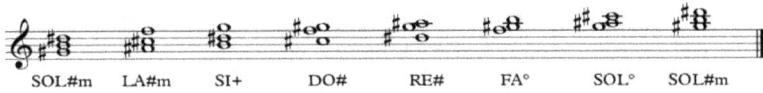

| SOL#m | LA#m | SI+ | DO# | RE# | FA° | SOL° | SOL#m |

La escala de SOL♯ menor melódica ascendente es: Sol♯ – La♯ – Si – Do♯ – Re♯ – Fa – Sol – Sol♯.

Regla círculo menor melódica ascendente: Menor, menor, aumentado, mayor, mayor, disminuido, disminuido, menor.

PASO A PASO:

1. El primer grado es SOL♯ MENOR.
2. El segundo grado es LA♯ MENOR.
3. El tercer grado es SI AUMENTADO.
4. El cuarto grado es DO♯ MAYOR.
5. El quinto grado es RE♯ MAYOR.
6. El sexto grado es FA DISMINUIDO.
7. El séptimo grado es SOL DISMINUIDO.
8. El octavo grado es SOL♯ MENOR.

El círculo armónico de SOL♯ MENOR MELÓDICA ES: SOL♯ MENOR, LA♯ MENOR, SI AUMENTADO, DO♯ MAYOR, RE♯ MAYOR, FA DISMINUIDO, SOL DISMINUIDO, SOL♯ MENOR.

CIFRADO AMERICANO: G♯m – A♯m – B+ - C♯ – D♯ – F° - G° - G♯m.

DESCENDIENDO

| SOL#m | FA# | MI | RE#m | DO#m | SI | LA#° | SOL#m |

La escala de SOL# menor melódica descendente es: *Sol# – Fa# - Mi – Re# – Do# – Si – La# – Sol#.*

Regla círculo menor melódica descendente: Menor, mayor, mayor, menor, menor, mayor, disminuido, menor.

PASO A PASO:

9. El primer grado es SOL# MENOR.
10. El segundo grado es FA# MAYOR.
11. El tercer grado es MI MAYOR.
12. El cuarto grado es RE# MENOR.
13. El quinto grado es DO# MENOR.
14. El sexto grado es SI MAYOR.
15. El séptimo grado es LA# DISMINUIDO.
16. El octavo grado es SOL# MENOR.

El círculo armónico de SOL# MENOR MELÓDICA DESCENDENTE ES: SOL# MENOR, FA# MAYOR, MI MAYOR, RE# MENOR, DO# MENOR, SI MAYOR, LA# DISMINUIDO, SOL# MENOR.

CIFRADO AMERICANO: G#m – F# – E – D#m – C#m – B – A#° - G#m.

CÍRCULO ARMÓNICO DO SOSTENIDO MENOR MELÓDICA

| DO#m | RE#m | MI+ | FA# | SOL# | LA#° | DO° | DO#m |

La escala de DO# menor melódica ascendente es: *Do# – Re# - Mi – Fa# – Sol# – La# - Do – Do#.*

Regla círculo menor melódica ascendente: Menor, menor, aumentado, mayor, mayor, disminuido, disminuido, menor.

PASO A PASO:

1. El primer grado es DO# MENOR.

160

2. El segundo grado es RE# MENOR.
3. El tercer grado es MI AUMENTADO.
4. El cuarto grado es FA# MAYOR.
5. El quinto grado es SOL# MAYOR.
6. El sexto grado es LA# DISMINUIDO.
7. El séptimo grado es DO DISMINUIDO.
8. El octavo grado es DO# MENOR.

El círculo armónico de DO# MENOR MELÓDICA ES: DO# MENOR, RE# MENOR, MI AUMENTADO, FA# MAYOR, SOL# MAYOR, LA# DISMINUIDO, DO DISMINUIDO, DO# MENOR.

CIFRADO AMERICANO: C#m – D#m – E+ - F# - G# - A#° - C° - C#m.

DESCENDIENDO

DO#m   SI   LA   SOL#m   FA#m   MI   RE#°   DO#m

La escala de DO# menor melódica descendente es: Do# – Si - La – Sol# – Fa# – Mi – Re# – Do#.
Regla círculo menor melódica descendente: Menor, mayor, mayor, menor, menor, mayor, disminuido, menor.

PASO A PASO:
9. El primer grado es DO# MENOR.
10. El segundo grado es SI MAYOR.
11. El tercer grado es LA MAYOR.
12. El cuarto grado es SOL# MENOR.
13. El quinto grado es FA# MENOR.
14. El sexto grado es MI MAYOR.
15. El séptimo grado es RE# DISMINUIDO.
16. El octavo grado es DO# MENOR.

El círculo armónico de DO# MENOR MELÓDICA DESCENDENTE ES: DO# MENOR, SI MAYOR, LA MAYOR,

SOL# MENOR, FA# MENOR, MI MAYOR, RE# DISMINUIDO, DO# MENOR.

CIFRADO AMERICANO: C#m – B – A – G#m – F#m – E – D#° - C#m.

CÍRCULO ARMÓNICO FA SOSTENIDO MENOR MELÓDICA

FA#m   SOL#m   LA+   SI   DO#   RE#°   FA°   FA#m

La escala de FA# menor melódica ascendente es: Fa# – Sol# - La – Si – Do# – Re# - Fa – Fa#.

Regla círculo menor melódica ascendente: Menor, menor, aumentado, mayor, mayor, disminuido, disminuido, menor.

PASO A PASO:
1. El primer grado es FA# MENOR.
2. El segundo grado es SOL# MENOR.
3. El tercer grado es LA AUMENTADO.
4. El cuarto grado es SI MAYOR.
5. El quinto grado es DO# MAYOR.
6. El sexto grado es RE# DISMINUIDO.
7. El séptimo grado es FA DISMINUIDO.
8. El octavo grado es FA# MENOR.

El círculo armónico de FA# MENOR MELÓDICA ES: FA# MENOR, SOL# MENOR, LA AUMENTADO, SI MAYOR, DO# MAYOR, RE# DISMINUIDO, FA DISMINUIDO, FA# MENOR.

CIFRADO AMERICANO: F#m – G#m – A+ - B – C# - D#° - F° - F#m.

162

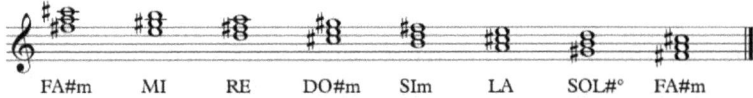

La escala de FA♯ menor melódica descendente es: Fa♯ – Mi - Re – Do♯ – Si – La – Sol♯ – Fa♯.

Regla círculo menor melódica descendente: Menor, mayor, mayor, menor, menor, mayor, disminuido, menor.

PASO A PASO:

9. El primer grado es FA♯ MENOR.
10. El segundo grado es MI MAYOR.
11. El tercer grado es RE MAYOR.
12. El cuarto grado es DO♯ MENOR.
13. El quinto grado es SI MENOR.
14. El sexto grado es LA MAYOR.
15. El séptimo grado es SOL♯ DISMINUIDO.
16. El octavo grado es FA♯ MENOR.

El círculo armónico de FA♯ MENOR MELÓDICA DESCENDENTE ES: FA♯ MENOR, MI MAYOR, RE MAYOR, DO♯ MENOR, SI MENOR, LA MAYOR, SOL♯ DISMINUIDO, FA♯ MENOR.

CIFRADO AMERICANO: F♯m – E – D – C♯m – Bm – A – G♯° - F♯m.

CÍRCULO ARMÓNICO SI MENOR MELÓDICA

La escala de SI menor melódica ascendente es: Si – Do♯ - Re – Mi – Fa♯ – Sol♯ - La♯ – Si. Regla círculo menor melódica ascendente: Menor, menor, aumentado, mayor, mayor, disminuido, disminuido, menor.

163

PASO A PASO:

1. El primer grado es SI MENOR.
2. El segundo grado es DO# MENOR.
3. El tercer grado es RE AUMENTADO.
4. El cuarto grado es MI MAYOR.
5. El quinto grado es FA# MAYOR.
6. El sexto grado es SOL# DISMINUIDO.
7. El séptimo grado es LA# DISMINUIDO.
8. El octavo grado es SI MENOR.

El círculo armónico de SI MENOR MELÓDICA ES: SI MENOR, DO# MENOR, RE AUMENTADO, MI MAYOR, FA# MAYOR, SOL# DISMINUIDO, LA# DISMINUIDO, SI MENOR.

CIFRADO AMERICANO: Bm – C#m – D+ - E – F# - G#° - A#° - Bm.

DESCENDIENDO

| SIm | LA | SOL | FA#m | MIm | RE | DO#° | SIm |

La escala de SI menor melódica descendente es: Si – La - Sol – Fa# – Mi – Re – Do# – Si. Regla círculo menor melódica descendente: Menor, mayor, mayor, menor, menor, mayor, disminuido, menor.

PASO A PASO:

9. El primer grado es SI MENOR.
10. El segundo grado es LA MAYOR.
11. El tercer grado es SOL MAYOR.
12. El cuarto grado es FA# MENOR.
13. El quinto grado es MI MENOR.
14. El sexto grado es RE MAYOR.
15. El séptimo grado es DO# DISMINUIDO.
16. El octavo grado es SI MENOR.

El círculo armónico de SI MENOR MELÓDICA DESCENDENTE ES: SI MENOR, LA MAYOR, SOL MAYOR, FA# MENOR, MI MENOR, RE MAYOR, DO# DISMINUIDO, SI MENOR.

CIFRADO AMERICANO: Bm – A – G – F#m – Em – D – C#° - Bm.

CÍRCULO ARMÓNICO MI MENOR MELÓDICA

| MIm | FA#m | SOL+ | LA | SI | DO#° | RE#° | MIm |

La escala de MI menor melódica ascendente es: Mi – Fa# - Sol – La – Si – Do# - Re# - Mi.

Regla círculo menor melódica ascendente: Menor, menor, aumentado, mayor, mayor, disminuido, disminuido, menor.

PASO A PASO:
1. El primer grado es MI MENOR.
2. El segundo grado es FA# MENOR.
3. El tercer grado es SOL AUMENTADO.
4. El cuarto grado es LA MAYOR.
5. El quinto grado es SI MAYOR.
6. El sexto grado es DO# DISMINUIDO.
7. El séptimo grado es RE# DISMINUIDO.
8. El octavo grado es MI MENOR.

El círculo armónico de MI MENOR MELÓDICA ES: MI MENOR, FA# MENOR, SOL AUMENTADO, LA MAYOR, SI MAYOR, DO# DISMINUIDO, RE# DISMINUIDO, MI MENOR.

CIFRADO AMERICANO: Em – F#m – G+ - A – B – C#° - D#° - Em.

DESCENDIENDO

| MIm | RE | DO | SIm | LAm | SOL | FA#° | MIm |

La escala de MI menor melódica descendente es: Mi – Re - Do – Si – La – Sol – Fa# – Mi. Regla círculo menor melódica descendente: Menor, mayor, mayor, menor, menor, mayor, disminuido, menor.

PASO A PASO:
9. El primer grado es MI MENOR.
10. El segundo grado es RE MAYOR.
11. El tercer grado es DO MAYOR.
12. El cuarto grado es SI MENOR.
13. El quinto grado es LA MENOR.
14. El sexto grado es SOL MAYOR.
15. El séptimo grado es FA♯ DISMINUIDO.
16. El octavo grado es MI MENOR.

El círculo armónico de MI MENOR MELÓDICA DESCENDENTE ES: MI MENOR, RE MAYOR, DO MAYOR, SI MENOR, LA MENOR, SOL MAYOR, FA♯ DISMINUIDO, MI MENOR.

CIFRADO AMERICANO: Em – D – C – Bm – Am – G – F#° - Em.

Milton Keynes UK
Ingram Content Group UK Ltd.
UKHW030743121124
451094UK00013B/1020